Anna Dobler/Wolfgang Fleischer

SCHWIMMTEICHE

Die besten Gestaltungsideen
Die schönsten Anlagen

Orac
WIEN • MÜNCHEN • ZÜRICH

Ein Verlag der Donauland-Gruppe
im Hause Bertelsmann

ISBN 3-7015-0406-7

Einbandgestaltung: Zembsch'Werkstatt
Grafische Gestaltung: Kurt Rendl
Grafiken: Kurt Rendl nach Entwürfen der Autoren
Satz: Zehetner Ges. m. b. H., A-2105 Oberrohrbach
Repros: Repro Wohlmuth, Wien
Druck und Bindung: Mladinska knjiga Tiskarna, Ljubljana

Gesetzt nach der neuen deutschen Rechtschreibung

INHALT

Vorwort
Betrachtungen zu Natur und Schwimmteich – *Ein Essay* 7

Erster Teil – DER SCHWIMMTEICH

1. Überblick 17
2. Erstbesichtigung 23
3. Der richtige Ort 26
4. Die Pflanzenzone 30
5. Planung. 35
6. Der Wall 38
7. Das Substrat 41
8. Die Selbstorganisation des Teichs 43
9. Pumpen, Filter & Co. 46
10. Gestaltung mit Holz 50
11. Gestaltung mit Steinen 54
12. Schwimmgenuss 60

Zweiter Teil – DIE VIELFALT

1. Kleine Teiche 69
2. Wohnen am Teich 78
3. Am Wasser sitzen. 96
4. Teich und Architektur 104
5. Schwimmen am Wochenende. 108
6. Große Teiche und öffentliche Anlagen 115
7. Stimmungen am Wasser 121

Dritter Teil – DIE PFLANZEN

1. Klärpflanzen 133
2. Seichtwasserzone und Ufer 142
3. Moorbeet. 146
4. Seerosen 148
5. Pflanzenliste 156

Vierter Teil – ASPEKTE UND FRAGEN

1. Das Altern des Teichs 161
2. Das mulmige Intermezzo 164
3. Was passieren kann 165
4. Kinder am Teich 166
5. Getier im Teich 168
6. Herbst und Winter 171

Dank 177
Index 179
Bibliografie 181
Bildquellennachweis 182

Vorwort

BETRACHTUNGEN ZU NATUR UND SCHWIMMTEICH

Ein Essay

Nehmen wir an, Sie sind der Eigentümer von tausend Quadratmetern der *Schöpfung*. Und das rechtlich und grundbücherlich so korrekt, dass für Staunen kein Platz mehr bleibt. Auch Manitous Jagdgründe sind parzelliert worden, und keineswegs von ihren Benützern.

Die Benützer Ihres Eigentums kennen Sie fast alle nicht; eventuell wird der Regenwurm vorausgesetzt; der Maulwurf als dickköpfiger Umgestalter Ihres Planungswillens eher bekämpft. Wenn man Maulwürfe überhaupt sieht, dann sind sie meistens schon tot: und schauen durchaus rührend aus, mit ihren kräftigen Schaufelhändchen. Ein Mensch müsste, um mit ihrer Leistung zu konkurrieren, in einem einzigen Tag und einer Nacht sich mit den bloßen Händen durch sechzig Kilometer Erde buddeln. Der Eigentümer überblickt – erfreut, planend und stolz – sein Grundstück; der Maulwurf belüftet unterdessen Millionen von Erdbakterien und ebenso winzigen Pilzen. Und die Regenwürmer tun das Gleiche und die Wühl- und Spitzmäuse und und und.

Das Gesetz hat sich nie klar dazu geäußert, aber wahrscheinlich gehören Ihnen diese alle, samt den Engerlingen und Larven, den Ohrenschlürfern und Spinnen. Nur vergrabene Schätze – Gold, Silber, Münzen und beliebige Kombinationen alles Wertvollen – gehören dem Staat; dieser scheint jedoch, zumindest im Finanzministerium, auf die Knöllchen- und anderen Bodenbakterien, die sehr viel mehr Wert erzeugen, keinen Wert zu legen.

Der Maulwurf, der Ihnen gehört, solange kein Oberster Gerichtshof das anders entscheidet, steht längst unter Naturschutz. Also müsste er sich rechtlich in seiner Unverletzlichkeit gesichert fühlen, auch Ihnen gegenüber. Dennoch: in unserem Garten schienen sich alle Maulwürfe jahrelang als leibeigen und zum Lehen gehörig betrachtet zu haben. Sie gruben überall und außen rundherum, ziemlich exakt die Grenze entlang, verließen aber niemals das Gebiet ihrer Vasallen- und Robotpflicht. Das war eher rätselhaft. Erst drei Jahre nachdem der Nachbar aufgehört hatte seine Felder zu düngen, überschritten sie zögernd die Grenze; jetzt sieht man wieder überall im Umkreis ihre frisch aufgeworfenen Hügel. Vielleicht haben uns die Maulwürfe nie gehört. Ebenso wahrscheinlich ist, dass auch das Düngen gegen den Naturschutz verstößt (was das Gesetz noch nicht weiß).

Wir kennen also wenig oder nichts von dem, was uns eher doch nicht gehört. So könnte man die *Schöpfung* beschreiben, die wir uns untertan machen (sollen?). Eigentlich besteht sie aus lauter Einzelschöpfungen, weshalb der Laubfrosch weder mit dem Spring- noch dem Wasserfrosch verwandt ist. Es gibt überhaupt keine Verwandtschaften oder sonstigen Zusammengehörigkeiten, sondern: *Jede Kreatur eine Kreation*. Punktum, von Gott persönlich. Die Natur ist (füglich) eine vorwiegend grüne Zusammenwürfelung von vielerlei Einzelheiten.

Wenige mögen das heute wirklich als ihre Theorie ausgeben.

Viele aber, wenn sie am Sonntag mit ihren Wanderschuhen und geistig begrünt die Landschaft durchmessen, beherrschen bestens nichts als das Addieren. Aufs Gänseblümchen folgt die Fichte, die Verwechslung ist ausgeschlossen, dann kommt der Haselstrauch, der vielleicht doch ein Holunder ist. Der Naturführer hilft: Jede Kreation hat eine eigene Seite; man unterscheidet, indem man eins vom andern trennt. Dann sind sie alle wieder so einzeln, dass sie bunt und eng nebeneinander ergeben können, was fertig zusammengezählt *die Natur* heißt.

Warum sie so unendlich *weise* ist, geht aus dieser Art von Rechnung allerdings nicht hervor. Naja, weil Weisheit halt kein naturwissenschaftlicher Begriff ist. Mittlerweile weiß aber jeder, dass die verschiedenen Storchenschnäbel (Geranien) miteinander ebenso verwandt sind wie die verschiedenen Störche, selbst die schwarzen mit den weißen. Das Linné'sche System – sozusagen: Familienname für die Sippe, Vorname fürs Einzelphänomen in dieser – ist im breiteren Publikum nie ganz so populär geworden wie die vage Vorstellung, dass es wohl so stimmen wird. Und dass dergleichen nur die Wissenschaftler was angeht, die eben – unterscheiden und trennen. Damit man sich dann auskennt im Naturführer, der jetzt halt nach Familien geordnet ist, statt nach Größe oder Farbe oder Duft.

Für den so genannten Dilettanten – *diletto* ist das innigliche Vergnügen, die Geliebte als Herzensfreude: *sei il mio unico diletto, cara!* – ist der Spaß dadurch freilich ein bisschen zäh geworden. Nämlich wie manch anderes Hochgefühl auch: getrübt durch allzu große Sippschaft. Und wer sich in der Mischpoche nicht auskennt, verliert die Orientierung. Gar erst der beflissene Laie, der nicht weiß, in welche Familie er da geraten ist – sind das die „Gänsefüße"? So kommt's, dass manche Leute Linné gar nicht kennen und trotzdem nicht mögen.

Immer waren und sind solche Theorien beliebter, an deren Diskussion jeder ungebeten teilnehmen kann, weil für die – noch so komplizierte – Sachlage ein Schlagwort gefunden wurde, das zu viele geradezu einlädt sich für kompetent zu halten. Solche Themen finden dann auch, bei aller Fremdheit der Ausgangslage, leicht Eingang ins politische Leben, das gern seine Niederungen breitflächiger macht.

Dem „Kampf ums Dasein" ist diesbezüglich mehr passiert, als der Begriff ursprünglich gemeint hat; und er überlebt noch immer. Man könnte daraus einen ideengeschichtlichen Darwinismus ableiten … (Gibt's eh – nur heißt das Ganze heute „Paradigmenwechsel", damit man dazu Kuhn und nicht Darwin assoziiert.)

Familienverhältnissen haftet häufig Undurchsichtigkeit an: das ist bei den tierischen und pflanzlichen bis heute nicht viel anders. Statt eines institutionellen „Gotha" der blaublütigen Abstammung – von jeder Brennnessel an Alter übertroffen, obwohl sie eine so junge und moderne Pflanze ist – herrscht hier Krieg, führen die Wissenschaften Gefechte, die nur euphemistisch Symposien heißen; und immer wieder wird umgruppiert, neu benannt oder nochmals in Frage gestellt. Natürlich auf Grund verfeinerter Untersuchungen, besserer Argumente. „Der" Publikum – das ist jener einzige abendliche Theaterbesucher, den Nestroy so nannte, um dann vor ihm zu spielen – bleibt daran uninteressiert.

Aber wie und warum es zu diesen Familien und ihren oft krassen Einzelphänomenen gekommen ist, denen wir nicht nur beobachtend gegenüberstehen, das erregt uns: Weil wir selber ein Teil davon sind. Weil wir, sehr weit gefasst, einen gemeinsamen Ahnen mit dem Gänseblümchen haben, das ein Nachbar aus dem Rasen sticht, weil es nicht dorthin gehört. Dass wir ziemlich die gleichen Mitochondrien in den Körperzellen haben wie jenes, erregt in ihm keine verwandtschaftlichen Gefühle. Und natürlich sind wir etwas näher mit Jane Goodalls Schimpansen verbunden, die gerade den Krieg erfinden, bei aller Sympathie.

Es ist schon was recht Schmeichelhaftes, zu jenen Besten zu gehören, die diesen unerbittlichen Kampf ums Dasein überlebt haben. Da kann man sich dann den Schweiß von der Stirne wischen und ein Glas einschenken; wie seinerzeit die arische Rasse, als sie noch glaubte, dass es sie gab.

Wie man so toll wird – und andere nicht –, bleibt daneben ziemlich dunkel. Es ist eine Auslese, die von niemandem getroffen wird. Und die Stätte des Kampfes liegt in der vierten Dimension; nicht in der Unendlichkeit, doch in einer fast unendlich langen Zeit. Pflanzen und Tiere entstehen – aber ein Großteil von ihnen ist schon wieder verschwunden. Die gigantische Olympiade des Lebens hat fast alle Kandidaten ausgeschieden. Nur die Besten – in ihrer jeweiligen Disziplin – sind übrig geblieben. Die zähesten Mauerblümchen, die kräftigsten Bären, die findigsten Menschen.

Der Veranstalter dieses Wettkampfs von – sagen wir halt: – mehr als einer Milliarde Jahren Dauer bleibt unbekannt. Die großen Religionen beanspruchen ihn nicht für sich, denn *Gott* – wie immer er auch dargestellt wird – handelt planvoller; so ist ihm das in allen – teilweise sogar von ihm stammenden – Texten vorgeschrieben. Er veranstaltet keine mörderischen Kämpfe, um abzuwarten – als wüsste er's nicht! – wer siegt.

Aber *die Natur* ist auch nicht ohne; und reicht sogar für manchen Pantheismus. Wie hat also *sie* diesen Wettbewerb durchgeführt?

Das Merkmal der Sieger ist, dass sie sich am besten *angepasst* haben. Was sie da so alles gemacht haben, ist schlechthin genial: Die ohnehin schon wunderhübsche Blüte lernte, sich im Falle, dass sie schon ganze drei Tage nicht fremdbestäubt wurde, die eigenen Pollensäcke in ihre Narbe zu leeren. Und jener dort, der mit längeren Hinterbeinen weiter springen hätte können, ließ sie sich einfach wachsen. Die andern wieder brauchten mehr Grips, entwickelten daher ihren Verstand und halten ihn noch heute dafür.

Und all die vielen, denen das nicht gelungen ist, sind schlicht vergangen.

So haben wir schließlich ein Endergebnis, in dem nur noch die allerbesten Lösungen vertreten sind. Außer sie wurden zufällig noch nicht gefunden.

Allerdings könnten sie dann recht bald kommen. Lamarck und andere bis Lyssenko meinten, dass jedes Bedürfnis, wenn es nur groß ist und lang genug dauert, von der Natur auch erfüllt wird. Das scheint nach den Marktgesetzen zu funktionieren: Die Nachfrage erzeugt das Angebot. Die Sehnsucht nach längeren Haxen lässt sie wachsen. Dass das bei den Busen, wo das Bedürfnis wirklich dringlich ist, nach wie vor bloß mit Silikon geht, stimmt jedoch bedenklich.

So kehrt die Frage abgewandelt zurück: Gibt es eine klare Zweckgerichtetheit und Absicht in der Natur?

Ist eine solche Vermutung bloß allzu menschlich – und gerade deshalb immer wieder geschehen? Oder aber: Hat die Natur überhaupt keine Vorstellung von irgendwas; und auch ein Weltgeist, der sich in ihr zu vervollkommnen trachtet, wäre wohl kaum anzunehmen; sei er auch gehegelt und stünde noch immer auf dem Kopf.

Wer, was, wie: ist *die Natur*?
Im Grunde sieht man ja recht viel von ihr, vor allem, wenn man sich „hinaus ins Grüne" begibt. Doch genauso gut könnte man auch sagen: wenn man sich nackt vor den Spiegel stellt. Oder wenn man die Bewohner des Staubs aus der Ritze im Mikroskop anschaut, vielleicht auch die wirklichen Benützer des eigenen Grundstücks studiert.
Sie ist uns, wenn wir etwas Vereinheitlichendes feststellen wollen, eigentlich immer zu viel, zu groß, zu komplex, zu widersprüchlich. Aber ohne dass wir viel sagen müssen: nährt sie uns, gefällt sie uns. Wir kennen auch gar nix anderes – außer wir haben es selber gemacht (betoniert, plastifiziert oder dergleichen). Manchmal bedroht sie uns auch, dann haben wir einen Mordsrespekt vor der *Naturgewalt*.
Aber was wir selber so anders machen, mit allerneuesten Werkstoffen und Formen, folgt ebenfalls *Naturgesetzen*. Wir können gar nicht heraus aus der Natur, von den feinsten und launenhaftesten Quarks bis zu den fernsten Galaxien. Das Einzige außerhalb der Natur ist ein menschliches Postulat: dass sie einen Schöpfer habe. Damit wird etwas, das wir in seiner Enormität eindeutig nicht mehr verstehen, durch ein anderes erklärt, das unsere Verständnislosigkeit nochmals überhöht.
Aber das beschäftigt uns weder, wenn wir nackt vor dem Spiegel stehen, noch zünftig bejoppt im Walde. Wir, wie immer gewandet, sind sogar dann die Krone der Schöpfung, wenn es diese gar nicht gibt; und das große Rundherum – *die Natur* – hat ihre unendliche *Weisheit* bewiesen: Sie hat alles so wunderbar und perfekt gemacht, dass wir die Besten darin sind. Wie immer das Selektionieren und Evolutionieren auch gegangen ist.
Sie ist zur Urmutter geworden, als deren Lieblingskinder wir uns betrachten dürfen.
„Sie geht ihren Weg und an dessen Ende steht immer ein Ziel."
Dann ist für uns die ganze Weisheit der Natur – die wir nun bereit sind in jedem subalternen Gänseblümchen zu erblicken – ein ebenso bewegender wie bergender Gedanke. Das ist die Einheit, mit der wir gern verschmelzen.
Wie? Indem wir lernen, so viel prekäre Übereinstimmung durch keinen einzigen weiteren Gedanken mehr zu stören. Sonst würden die still ziehenden Nebel der Romantik aufgelöst. An so erhabener Ganzheit nimmt man durch Meditation teil; dann muss das Übermächtige auch nicht mehr beschwichtigt werden, weil man dazugehört.
Schließlich kann man auch durch Illusionen an der Seele genesen.
Und jede wie immer geartete Verehrung hat *der Natur* besser getan als die Bulldozer und Pestizide.

Natürlich hat die Evolution nicht bloß uns Prachtmenschen erschaffen wollen und dann aufgehört. Alles Leben mendelt und mutiert ungebremst dahin. Gäbe es perfekte Lösungen, dann hätten etwa im tropischen Regenwald, wo pro Quadratkilometer hunderte Arten von Bäumen stehen, alle dieselbe Art von Blättern. Statt dessen gibt es eine ungeheure Vielfalt. Zu den Blättern der einen erfährt man, dass der lange herabgebogene Spitzenzipfel das Abfließen des Wassers erleichtert; zu den andern, dass ihre feine Behaarung die Feuchtigkeit hält und das Abtröpfeln verhindert. Im jeweiligen Zusammenhang gelesen, sind dies zwei perfekte „Anpassungen", allerdings völlig konträr. Und die andern paar hundert Bäume machen wieder was anderes.
Im Gegensatz dazu muss auffallen, wie viele verschiedene Pflanzenfamilien irgendwann auf das recht ähnliche Bauprinzip „Baum" gekommen sind, von den Leguminosen bis zu den Veilchen (die in Südamerika Riesenbäume hervorgebracht haben). „Baum" hat sich offensichtlich bewährt, auch „Liane" (wie selbst Wein und Hopfen), und sogar aufs Fleischfressen sind recht verschiedene Pflanzen gekommen.
Aber eine völlig pragmatische Erklärung der Natur – hie Anforderung, da optimale Lösung – scheint aussichtslos zu sein. Der amerikanische Soziobiologe E. O. Wilson glaubte alle überlebenden Daseinsformen durch eine „Kosten-Nutzen-Rechnung" erklären zu können: Wer am wenigsten Energie braucht, um die meiste zu gewinnen, überlebt eben die weniger Erfolgreichen. Auf diese Art wollte er auch das Verhalten der Tiere – etwa das Werben um den Geschlechtspartner – energetisch berechenbar machen; in absoluter Gegnerschaft zu Konrad Lorenz, der dem Verhalten völlig andere Motive wie Aggression, aber auch geprägte Zuneigung und Liebe unterlegte.
Derlei könnte glauben machen, dass die meisten Erklärungsversuche für die Natur bloß dem eigenen Gesellschaftsmodell entzogen werden, über dessen Ränder man nicht hinausdenken kann.
Aber so säuberlich und klar, mit Modell und dazupassendem Schlagwort, wird's wohl überhaupt nicht mehr gehen. Viele, deren Meinungen einander aus-

zuschließen schienen wie jene von Lorenz und Wilson, werden trotzdem ein bisschen Recht behalten, nebeneinander. Das genetische „Roulette" der Natur (Jacques Monod) dreht sich nicht nur ständig weiter; in diesem gigantischen Zufallsgenerator werden nicht nur Chromosomen ununterbrochen neu gemischt, wobei unter dem ständigen Beschuss aus dem All (und auch der näheren Umwelt) Atome verloren gehen oder ganze Moleküle zerfallen, sodass Lebensunfähiges oder völlig Neues entsteht: Es muss auch mit der völligen Blindheit des Croupiers gerechnet werden.

Und statt von der unendlichen Weisheit der Natur zu fantasieren könnte man auch auffordern: Geht hinaus und schaut, wie blöd sie ist. Auch wer diese Perspektive übt, wird sicher fündig werden; sie ist bloß zu Zeiten, da alle die Natur so sehr retten wollen, dass ungeahnte Geschäfte daraus erblühen, wenig gefragt.

Nur in der tantrischen Liebestechnik interessiert es ganz am Rande, dass wir mit unserem verbliebenen Schwanzstummel, dem Steißbein, noch immer ein bisschen wackeln können, bei ausreichend gutem Willen. Sonst ist das von absoluter Belanglosigkeit – zeigt aber einen ganz wesentlichen Aspekt der „Evolution": Sie erinnert sich keiner Vergangenheit, sie weiß keine Zukunft. Sie tritt ausschließlich in einem Jetzt durch einen Akt der Änderung in Erscheinung. Während Neues entsteht und erfolgreich wird – ohnehin nur einmal unter hunderttausenden absichtslosen und zumeist negativen Versuchen –, wird in derselben Spezies Altes immer hinderlicher. Die Betroffenen können es nicht abschütteln, die „Evolution" bleibt blind und taub; und zu „sagen" hat sie ohnehin nichts.

Die große Langsamkeit der Entwicklung und ihre anschließende Langlebigkeit führen oft dazu, dass die so genannte Anpassung eine an die Vergangenheit ist; dass man's gerade noch schwitzend im Pelz aushält, der für die vorletzte Eiszeit „gedacht" war. Und in wem immer von uns die genetischen Vorfahren noch so wachsam sind, dass sie selbst beim leisesten Schleichen des Säbelzahntigers sofort aus dem Schlaf hochfahren – und anders hätten sie ihre Gene ja nicht weiterschnackseln können –, der wird heute verrückt, wenn er in der Großstadt erholsam schlafen will. Überhaupt scheint es eine wesentliche Aufgabe der Psychotherapie zu sein, den Umgang mit unseren Altlasten etwas versöhnlicher zu gestalten.

Die verschiedenen Blätter im Regenwald verwundern jetzt auch schon weniger; die Formgebung der meisten ist älter als ihre Umgebung.

Weniges entspricht exakt seinen gegebenen Lebensbedingungen; die „Sieger im Kampf ums Dasein" sind nicht immer die Besten ihrer Disziplin, obwohl es auch das gibt, sondern teils bloß mittelmäßig – aber vielseitiger als andere, oft sogar echte Kosmopoliten, ob Adlerfarn oder Ratte; dennoch immer an der prekären Schneide zwischen nachhängender Vergangenheit und ungestalteter Zukunft angesiedelt.

Wenn Sie nun Ihre tausend Quadratmeter Natur überblicken und vielleicht daran denken, hier einen Schwimmteich zu machen oder errichten zu lassen – und außerdem bis hierher gelesen haben –, könnten Sie sagen: „Ob die Natur pfiffig oder trottelhaft ist, kann mir doch völlig Wurscht sein!"

Na, sicher: Wenn Sie zur Rotbuche, zu den Tulpen und Pfingstrosen den Teich bloß additiv hinzufügen wollen, dann ist die Summe von Natur, wie immer verstanden, eben größer. Ein bisschen Rasen weniger, dafür mehr andere Pflanzen, außerdem noch ziemlich viel Wasser.

Aber irgendwie sind wir – nun doch Ihre Neugierde voraussetzend – an den Anfang des Lebens zurückgekehrt: Der fand eben im Wasser statt.

Auf Grund einer von ihm in Madagaskar untersuchten Blüte beschrieb Darwin recht genau die Beschaffenheit des Schmetterlings, der einzig und allein für die Bestäubung in Frage kam. Entdeckt wurde dieser erst viele Jahre später, aber er sah dann auch so aus, wie er ohnehin sein musste. Im Grunde war damit die unterscheidende und trennende Naturbeschreibung, welche die botanischen oder zoologischen Familienmitglieder nach Verwandtschaftsgrad aufreiht, schon damals erledigt. Nämlich nicht falsch, aber fürs Verständnis der Natur eher weniger förderlich, als es ein bloßes Wörterbuch ist, um eine Sprache zu begreifen.

Sowie Leben entstand – eben im Wasser –, gehörten Lebensformen auch zu dessen unmittelbarer Umwelt. Und je mehr unterschiedliche Formen entstanden, desto intensivere Abhängigkeiten entwickelten sich zwischen ihnen. Das ist rein chemisch offensichtlich: Alles Organische konnte einander besser verwerten, bei welchen – unfreundlichen – Umgangsformen auch immer. Und das ist bis heute so: Die gelösten Mineralien im Wasser, das wir gelegentlich auch kaufen, können uns die Pflanzen und Tiere nicht ersetzen, die wir im Allgemeinen mit größerem Vergnügen verzehren.

So entwickelten sich alle Lebensformen in zunehmender Abhängigkeit voneinander. Heute erscheint uns das wunderbar: Die Grasfresser leben von der Fähigkeit der Pflanzen zur Fotosynthese und werden selber von den Fleischfressern konsumiert. Die

Flechten sind eine zu eigener Lebensform aufgestiegene Symbiose von Algen und Pilzen, die Knöllchenbakterien in den Wurzeln der Leguminosen binden den von diesen benötigten Stickstoff, die Samen der Orchideen gedeihen nur auf ganz bestimmten Myzelien und so fort.
Und so fort? Natürlich: und so fort ohne Ende.
Schon die Bewertung des „Evolutions-Zustandes" – anhängende Vergangenheit, ungeklärte Zukunft – bereitet bei jeder einzelnen Spezies reichlich Schwierigkeiten. Die Feststellung aller Querverbindungen – gründlicher vernetzt als Internet – übersteigt unsere Kapazität. Beginnend bei den Wurzelausscheidungen mit allen bakteriellen und pilzlichen Reaktionen darauf bis zur Blütenökologie – mit allen eventuell an der Befruchtung Beteiligten – und dem wiederum anderen Kreislauf jener, die diese Pflanze fressen – etwa Schmetterlingsraupen, die deren Gift im Körper speichern, um selber nicht gefressen zu werden: Es ließe sich theoretisch zu jeder Pflanze ein Kreislauf von Folgewirkungen konstruieren, der kein Ende mehr fände. Aber es sind eben nicht „Folgen", sondern vielmehr gemeinsam entstandene Wechselwirkungen, und deshalb so fein aufeinander abgestimmt.
Aber eine solche Beschreibung der Natur – oder auch nur einer einzigen Pflanze darin – gibt es nicht. Sie würde vom Senfkorn zur Welt führen und wieder retour.
Es gibt sie auch nicht, weil wir viel zu wenig darüber wissen.
Wir fangen gerade erst an, die *Selbstorganisation* der Natur wahrzunehmen. Dieses komplexe System gegenseitiger Abhängigkeiten ist ebenfalls im Laufe sehr langer Zeit entstanden, gemeinsam mit den daran Beteiligten. So brauchten wir nicht nur eine Geschichte der Individuen, sondern auch eine der langsam sich festigenden Beziehungen zwischen ihnen. Dann würde klar: Das *lebendige System* formt seine Mitglieder ebenso wie diese das System fortbilden. Und wir verstünden eine gänzlich vernetzte Einheit, statt Einzelheiten herauszulösen und zu katalogisieren.
Das ist nicht der Fall. Und intellektuelle Redlichkeit – ein nicht häufiges Phänomen – müsste im Umgang mit jedem Teilaspekt *Ungewissheit* zu ihrer einzig sicheren Grundlage erklären. Das mögen viele nicht – als wären die Fanatiker mit ihren vielen Gewissheiten beneidenswert.
Doch erst mit sehr viel eingestandener Ungewissheit können wir beginnen im oft beschworenen *Buch der Natur* zu lesen: über häufige Misserfolge und einige sehr treffliche Lösungen sowie viel Gefährdetes irgendwo dazwischen.

Und natürlich geht das alles den (zukünftigen) Teichbesitzer was an.
Denn ein Teich ist nicht einfach eine Art von größerer Hydrokultur. So mag's zwar aussehen, wenn, nach der Grabarbeit und Folienverlegung, die Pflanzen in mageres Substrat gesetzt werden und man das Wasser einlässt.
Aber noch fehlt die „Impfung": ein kleiner Kanister Wasser aus einem schon älteren, funktionierenden Biotop. Er enthält viele Millionen von Bakterien und Pilzen, die etwa abgestorbenes Laub unter Wasser zersetzen, dazu kommen unzählige winzige Lebewesen, Rädertierchen, Pantoffeltierchen, die von einzelligen Algen leben, mikroskopisch kleine Krebschen, Wasserflöhe und mehr. Außerdem war schon jeder Wurzelballen der vielen Pflanzen ein geschlossenes System für sich, das sich nun unter Wasser öffnet: mit jeweils Milliarden Beteiligten.
Und jetzt beginnt die *Selbstorganisation* des Teiches. Er ist zwar, trotz des Lehmanteils, kein Golem, aber doch ein künstliches Gebilde, das soeben zu leben anfängt. Es geht nur geringfügig darum, wie gut jede einzelne Pflanze anwächst und blüht – wie etwa in der Hydrokultur –, es geht vielmehr um die Etablierung des *Systems*.
Vorläufig ist es schlicht jung. Es übertreibt gleich einmal, einige Wochen grün schäumend.
Auch im nächsten Jahr ist es noch jugendlich, mit gelegentlichen Unausgeglichenheiten, die aber weiter nicht schlimm sind.
Im dritten Jahr will es sich schon als erwachsen präsentieren, wird aber mit einigen neuen Problemen konfrontiert – etwa die Mulmbildung durch die bisher zersetzten Pflanzen –, für die es noch keine Lösung kennt. Aber es lernt.
Und so geht es immer besser weiter.
Für die *Selbstorganisation* ist nur wichtig, dass sie richtig initiiert wird; dass anfangs alle notwendigen Beteiligten versammelt sind. Was dann geschieht, entzieht sich – zum Beispiel im Wurzelbereich – weitgehend unserer Kenntnis.
Ausgeglichen wird die intellektuelle Ungewissheit nur durch so genanntes Erfahrungswissen; durch (unterschiedliches) Talent zum Beobachten. Für die Errichter von Teichen ist das durchaus wesentlich.
Der ideale Teichbesitzer hingegen sollte vor allem faul sein. Und natürlich genusssüchtig. Wollte er ständig pflegend eingreifen – wie bei einer Hydrokultur –, käme gewiss heraus, was dieses vergehende Jahrhundert im Umgang mit der Natur kennzeichnet: Man konzentriert sich auf nur ein Phänomen und (zer-)stört dadurch das ganze unverstandene System.
Im Wesentlichen hält nicht der Teichbesitzer, der

selbstverständlich mit dem Kescher Algen abfischen kann, das Wasser klar, sondern die Selbstorganisation seines – solange kein Oberstgericht anders befindet – ihm gehörenden Systems.
Auch das sollte er genießen.

Abb. 2 – Mosaikjungfern bei der Eiablage auf einem absterbenden Seerosenblatt

Erster Teil

DER SCHWIMMTEICH

1. ÜBERBLICK

Zur Situation

Am Anfang handelte es sich schlicht um Spinnerei, eher hämisch belächelt. Doch in der Folge gab es die ersten funktionierenden Schwimmteiche. Und bald wurden sie zu Prestigeobjekten innovativer Wohlhabender, von denen es schließlich mehr gab, als man vermutet hätte. Dem folgte ein allgemeiner und ständig wachsender Boom, dessen Ende heute keineswegs abzusehen ist.

Je mehr Teichanlagen es gibt, in deren klarem und natürlichen Wasser man zwischen Seerosen schwimmt, desto mehr Leute werden ermuntert, selber so etwas zu wollen. Zugleich verringern sich durch diese zahlreichen Beispiele die teils immer noch vorhandenen Ängste vor grünen Algensuppen. Man braucht nur Platz – und etwas Geld.

Aber da es mittlerweile genug Anleitungen gibt, wie man sich einen Schwimmteich weitgehend selber errichten kann, lassen sich auch die Kosten ganz erheblich senken. Manche Firmen bieten dazu beratende Baubegleitung an – so kann man auch beim Selbermachen nichts mehr verhauen.

Also wächst und wächst die Anzahl der Schwimmteiche – und gleichzeitig die Erfahrung damit.

Dass gerade Österreich, auf die Bevölkerungszahl umgerechnet, die weltweit höchste Anzahl von Schwimmteichen hat, mag verblüffen. Vielleicht liegt es daran, dass biologische Methoden in einem Land, dessen Bewohner den Einstieg in die Atomenergie verweigerten und Naturschutzprojekte gegen den Willen der Regierung durchsetzten, viele Interessierte finden, auf welchen Anwendungsgebieten immer. Dazu kommt sicherlich, dass es in Österreich eine relativ große Anzahl von anbietenden Firmen für Schwimmteichbau gibt, und das schon seit geraumer Zeit. Viele davon gehören dem Verband österreichischer Schwimmteichbauer an, der durch Wasserqualitäts- und Hygienekontrollen in den Teichen seiner Mitglieder hohes Niveau gewährleistet und Forschungsaufträge vergibt, um das Verständnis für alle Prozesse in Biotopen zu fördern. Einen vergleichbaren Verband in Deutschland gibt es noch nicht.

Die „Erfindung"

Der Schwimmteich ist keineswegs von einer Firma – etwa einer Landschaftsgärtnerei – „erfunden" worden, sondern von experimentierenden Privatpersonen; sowohl in Deutschland wie auch in Österreich. Am Anfang standen jedenfalls ein „Biotop" – abkürzend für eine Wassergarten-Anlage – und ein traditioneller Swimmingpool. Dieser muss über Pumpen und Filter gereinigt und das Wasser chemisch behandelt werden; im Biotop werden keinerlei Hilfsmittel eingesetzt und das Wasser bleibt, ohne gewechselt zu werden, jahraus, jahrein klar. So lag es schließlich nur nahe, zumindest eine Wand des Swimmingpools ein Stück abzutragen und dort mit einem anschließenden Biotop zu verbinden; beides zusammen ergab eine neue Anlage, deren gesamtes Wasser nur noch vom Biotop sauber und lebendig gehalten wurde.

Dies ist bis heute das Prinzip fast aller Schwimmteiche, wie immer sie auch aussehen: Es gibt eine Schwimmzone und eine Pflanzen- oder Regenerationszone, die für die Qualität des Wassers sorgt.

Natürlich bedurfte es einiger Zeit und Erfahrung, bis die richtigen Verhältnisse der beiden Zonen zueinander ermittelt waren. Dasselbe gilt für die verwendeten Arten und die Setzdichte der Pflanzen; ebenso für das beste „Substrat", also die Mischung aus Lehm, Sand und/oder Schotter, in die sie gepflanzt werden. Wie die Meinungen zum einen oder andern auseinander gehen, wird noch besprochen werden. Doch im Prinzip sind die verschiedenen Methoden einander recht ähnlich; und jede einzelne ist mehr oder minder ausgereift.

In allen Schwimmteichen gleich bleibend wird der „Wall" zur Trennung von Pflanzen- und Schwimmbereich verwendet: Er reicht im Allgemeinen aus der Tiefe bis rund dreißig Zentimeter unter die Wasseroberfläche. Ob er nun noch das Viereck des (seinerzeitigen) Swimmingpools begrenzt oder eine völlig unregelmäßig ausgeformte Schwimmzone und aus welchem Material auch immer er gefertigt ist: Er verhindert, dass man in die Pflanzenzone hineinschwimmt und Schlamm aufwirbelt; und ebenso, dass das „Substrat" von dort in den Schwimmbereich rutscht, der im Allgemeinen nur mit Folie ausgekleidet ist. Zugleich reichen die oberen dreißig Zentimeter, die nun nicht mehr durch den Wall abgetrennt sind, für die Durchmischung des Wassers der gesamten Anlage.

Auch die Verwendung der Folie beim Schwimmteichbau hat sich bis heute nahezu gänzlich durchgesetzt. Denn während die angebotenen Folien immer besser wurden – ebenso im Sinn der Umweltverträglichkeit wie der technischen Qualitäten –,

stellte sich bei den anfangs als „biologischer" eingeschätzten Lehmteichen nach wenigen Jahren heraus, dass sie immer gröbere – und kaum zu behebende – Mängel aufwiesen.
Alle weiteren Fragen scheinen nun nur noch den Möglichkeiten der ästhetischen Gestaltung des Schwimmteichs zu gelten.

Unterschiede

Tatsächlich aber wird ein zukünftiger Teichbesitzer, wenn er zu seiner Information mehrere Firmen besucht, sehr schnell feststellen, dass ihm recht verschiedene Konzepte geboten werden.
Die Spannbreite reicht vom sozusagen völlig „biologischen" Schwimmteich bis hin zu einem intensiven Technologie-Einsatz.
So ist es eine Möglichkeit, die Pflanzenzone vorwiegend dekorativ aufzufassen, vielleicht mit großen Steingruppen, säuberlichem Kies und nur wenigen, besonders schön blühenden Pflanzen; dafür erfolgt die Klärung des Wassers nahezu gänzlich über Pumpen, Filter und Skimmer. Natürlich ohne Chemie, denn käme auch noch diese hinzu, so würde es sich nur noch um einen getarnten Swimmingpool handeln. Diese Bauweise ist natürlich kostenintensiv, kann aber zu gartenarchitektonisch sehr reizvollen Anlagen führen.
Am entgegengesetzten Ende der Skala von Möglichkeiten werden besonders viele Pflanzen sowie alle weiteren Elemente verwendet, um die „Selbstorganisation der Natur" einzuleiten; und nur dieses Gleichgewicht sorgt dann dauerhaft für die Qualität des Wassers, ohne technische Hilfsmittel. Solche Teiche werden auch weniger nach Gartenarchitektur aussehen, sondern möglichst natürlich: um irgendwann später so zu wirken, als wären sie immer da gewesen.
Natürlich gibt es daneben noch viele Kombinationen, wie biologische Grundlagen mit mehr oder weniger Technik zu verbinden sind.
Was die Gestaltung betrifft, sollte auf jeden Fall größtmögliche Freiheit gegeben sein.

Persönliche Entscheidung

Für den künftigen Schwimmteichbesitzer ist nur interessant, wo seine eigenen Vorlieben liegen. Das ist vor allem wichtig, wenn sich jemand seine Anlage selber errichten will. Denn Freude an der Installation und Bedienung von technischen Geräten zu haben oder nicht wird die Entscheidung beeinflussen, ob man naturhafte Üppigkeit oder geskimmte Wasseroberflächen vorzieht. (Häufig lieben die Männer das technische Spielzeug, Frauen jedoch die blühende Pflanzenvielfalt.)
Auch wer den Teich bei einer Firma bestellt, sollte sich zuerst die verschiedensten Möglichkeiten vor Augen führen und sich dann nur von dem überzeugen lassen, was ihn persönlich am meisten anspricht.
Schließlich wird es auch eine Rolle spielen, ob ein Teich zu moderner Architektur passend gestaltet werden oder einer natürlichen Umgebung eingefügt werden soll.
Und erst wenn wirklich alles bedacht ist, dann wird der Schwimmteich zu jener völlig einmaligen und individuellen Lösung, die er in jedem einzelnen Fall sein sollte.
Wie verschieden das sein kann, sollen die folgenden Abbildungen völlig kommentarlos vermitteln.

Abb. 3

Abb. 4

Abb. 5

Abb. 6

Abb. 7

Abb. 8

Abb. 9

Abb. 10

2. ERSTBESICHTIGUNG

Größe

Für den Schwimmteich sollten mindestens hundert Quadratmeter zur Verfügung stehen. Das wird im Allgemeinen als *kleiner* Teich betrachtet (die *mittleren* reichen bis dreihundert, alles darüber ist wirklich *groß*).
Bei hundert Quadratmetern bleiben höchstens vierzig als Schwimmzone; eher weniger. An sich sollte der Regenerationsbereich mindestens die Hälfte der Gesamtfläche einnehmen; bei starker Beanspruchung – viele Kinder, allzu viele Freunde der Familie – auch bis zu zwei Drittel. Aber wie immer man's veranschlagt: Der *Wall* und das *Ufer* – die beide zur Gesamtoberfläche gehören, welche so weit wie die Folie reicht – müssen abgezogen werden; sie gehören weder zur einen noch zur andern Zone.
Dazu gleich der häufigste Vorwurf, den wir von ehemaligen Kunden zu hören bekamen: Wir hätten sie nicht eindringlich genug darauf hingewiesen, dass sie den Teich doch viel größer hätten machen sollen! Na klar: noch weniger fader Rasen, der gemäht werden muss; aber dafür wirklich schwimmen können. Allerdings wäre uns das damals als Geschäftsgier ausgelegt worden; wenigstens hier dürfen wir's sagen, ganz eindringlich, mit Nachdruck:
Haben Sie vielleicht mehr Platz?
Beginnen wir also mit der Besichtigung. Ist der Garten – die Wiese, was immer – ganz eben und leer, dann gibt's eigentlich kein Problem – außer es lauert unter der Erde. Riesige Felsblöcke oder ein sehr hoher Grundwasserspiegel sind gar nicht gut beim Graben. Sind Sie bereit, Sprengkosten zu tragen – oder sich einen aufwändigen Pumpeneinsatz zu leisten?

Tiefe

Womit wir ganz automatisch zur Frage der Tiefe des Teichs beziehungsweise der Schwimmzone kommen. Manche meinen: mindestens drei, vielleicht auch vier Meter, damit ein nahezu ungestörter Kältebereich in der Tiefe bleibt: Das sei gut fürs Plankton. Plankton: die mikroskopisch kleinen Tierchen, welche mikroskopisch kleine Algen fressen; also tierisches und pflanzliches Plankton.
Aber: Die einzelligen Algen brauchen das Licht an der Teichoberfläche; und wer sie fressen will – was für den Teich sehr wesentlich ist –, folgt ihnen eben dorthin. Unten in der Tiefe ist nicht viel los. Außer, dass es wirklich kälter ist. Man merkt's beim Schwimmen: wie die kälteren Wirbel heraufgesogen werden. Bei wirklich heißem Wetter *ist* das ein Vorteil: nicht unbedingt für jeden Badenden, da nicht alle die Kühle schätzen, aber kälteres Wasser kann mehr Sauerstoff binden. Und Sauerstoff braucht z. B. das tierische Plankton, um das pflanzliche zu fressen.
Aber wenn es so heiß ist, dass sich das Wasser extrem erwärmt – etwa auf 28 Grad –, dann verdunstet auch am meisten. Und dann muss man ohnehin nachfüllen – wozu im Allgemeinen nur kaltes Wasser zur Verfügung steht, sei es aus der Leitung oder dem Brunnen. So wird der Teich geradezu automatisch wieder abgekühlt, wenn es am heißesten ist.
Wie tief sollte der Teich also sein? Sicher nicht zu seicht, weil er sich sonst zu schnell erwärmt. Aber was heißt „zu seicht"? Es heißt: dreißig, vierzig Zentimeter, in denen ohnehin niemand schwimmen könnte. Da kann das Wasser an heißen Sommertagen auch fünfunddreißig, vierzig Grad bekommen (und in der Nacht schnell wieder verlieren). Wir haben ein Seerosenzuchtbeet von rund einem Meter Tiefe, wobei das Wasser nur von (allerdings sehr vielen) Seerosenblättern beschattet ist: Es hat den ganzen Sommer über klarstes Wasser und wird nicht zu heiß. Ebenso verhält sich's in einem andern Beet von bloß sechzig Zentimetern.
Da also auch so wenig reicht, meinen wir: Die Schwimmzone sollte so tief sein, wie es die künftigen Benützer haben wollen. Das wird also von der Bodenbeschaffenheit – Grundwasser, Felsen – und der persönlichen Vorliebe abhängen. Die häufigste Variante: bei der Einstiegstreppe 150 bis 170 Zentimeter, um dort noch stehen zu können, und am andern Ende tiefer.
Und was heißt jetzt wieder „tiefer"? Nicht mehr als zweieinhalb Meter, und das keineswegs aus biologischen Gründen, sondern um den irgendwann dort unten angesammelten Mulm noch einigermaßen bequem absaugen zu können (siehe auch: *Das mulmige Intermezzo,* Seite 164).

Hanglage

Die Besichtigung kann fortgesetzt werden. Auch bei Hanglage spielt die Tiefe eine Rolle, weil man sich dann den Terrainausgleich besser vorstellen kann: das Abgraben auf der einen, das Aufschütten auf der

Abb. 11

andern Seite. Durch Letzteres ergibt sich ein Verwendungszweck für zumindest einen Teil des Aushubs, was den Abtransport erspart. Allerdings sollte im aufgeschütteten Material nur ein seichterer Teil des Teiches angelegt werden, um den Wasserdruck möglichst gering zu halten.
Wenn die Hanglage ziemlich extrem ist, muss ohnehin ein Statiker herangezogen werden: Das Gewicht eines Teiches kann enorm sein und wenn er abrutscht und sich ins nächste Haus unterhalb ergießt ... naja, wer will sich das schon ausmalen?
In vielen Fällen wird man also eine Baufirma brauchen, die den Teich mit Mauern sichert.

Eine interessante Möglichkeit ist es auch, den Teich in zwei verschiedene Höhenstufen zu teilen. So kann sich etwa oben die Schwimmzone befinden – vielleicht mit einem sehr kleinen Pflanzenteil –, und von dort fließt oder stürzt das Wasser in den tiefer gelegenen Pflanzenbereich. Natürlich muss es nach oben zurückgepumpt werden, was nicht mit zu starker Leistung geschehen sollte (siehe Seite 46 ff.).
Besonders elegant ist an dieser Lösung, dass durch die Strömung zum Abfluss (oder zum Wasserfall) hin überhaupt alles, was auf der Oberfläche der Schwimmzone treibt, in den Pflanzenbereich gespült wird.

Abb. 12 – Der obere Teich ...

Abb. 13 – ... die Pflanzenzone darunter

Bäume

Ob das Grundstück nun flach oder schief ist: Jetzt müssen wir auf die Bäume schauen. Ein Teich sollte – im Laufe des Tages – keinesfalls zu mehr als einem Drittel beschattet sein; das muss einmal gewährleistet werden. Doch damit ist's noch nicht getan: Wenn die meisten Bäume – die den Teich *nicht* beschatten – im Westen stehen, kann man ziemlich sicher sein, dass im Herbst der Wind ihr Laub in den Teich wehen wird. In diesem verrottet es zwar – aber das sollte es nicht. Was hier – hauptsächlich durch Bakterien und Pilze – zu Nährstoff aufgespalten wird, ist eine unangebrachte Bereicherung, von der nur unerwünschte Algen profitieren würden. Eine besonders dichte Laubschicht am Teichboden könnte im Frühling sogar manche Pflanzen am Austrieb hindern. Also: Bäume fällen oder von Anfang an großzügige Laubschutznetze einplanen.
Doch das ist noch immer nicht alles: Sollte direkt am Teich oder in der Windrichtung ein Nussbaum stehen, muss man diesen leider fällen. Die Blätter und grünen Nüsse würden das Wasser durch ihre Gerbsäuren braunschwarz färben, der Teich würde kaputt. Ähnlich giftig wirkt sich auch der Stechginster aus, ist aber zum Glück leichter zu entfernen.
Und noch immer brauchen wir nicht zu wissen, wie der Teich dann ganz konkret aussehen soll.

Baumöglichkeit

Denn vorher wollen wir noch feststellen, ob man ihn überhaupt bauen kann. Das heißt: Gibt es überhaupt eine Zufahrt für den oder die Bagger, die hier graben sollen, und für die Lastwagen, die den – meist nicht unbeträchtlichen – Aushub abtransportieren müssten? (Wohin – und zu welchen Deponiekosten – ist auch noch eine offene Frage.)
Sollte kein offener Zugang für schwere Geräte möglich sein, steigen die Kosten: Natürlich gibt es Kranwagen, die Bagger über Mauern oder Häuser heben können und dann mit dem Aushub vice versa verfahren; ebenso gut kann alles von Hand gegraben und mit Schubkarren transportiert werden ...
Der Bauherr entscheidet. Dass es meistens die Baufrau ist, gehört in ein anderes Kapitel.

3. DER RICHTIGE ORT

Prächtigkeit

Wenn der Platz im Garten gerade ausreicht, gibt es nicht viel zu entscheiden – außer, wie man die Gegebenheiten am besten nützt.

Je größer das Gelände ist, desto mehr Möglichkeiten können bedacht werden.

Im Allgemeinen ist ein Teich erheblich schöner als die meisten Durchschnittsgärten mit ihren Rasen. Das gilt allein schon für die ruhig spiegelnde oder bei Wind lebhaft gerippte Wasseroberfläche, auf der Sonnenreflexe tanzen oder schwere Tropfen etwas wie Männchen aufwerfen. Bloß aufs Wasser zu schauen vermittelt eine friedliche Ruhe, die für unsern übrigen Alltag nicht gerade typisch ist.

Und noch prächtiger kann die Vielfalt der Wildpflanzen sein, die aus dem Wasser wachsen und das Ufer umstehen. Hier nimmt, bei ausreichender Üppigkeit, das Blühen von Frühling bis Herbst kein Ende, in immer wieder andern Farben und Formen; und jedes Jahr wartet man mit derselben Vorfreude darauf, dass sich die Knospen öffnen. Bis man schließlich selber hinschwimmen kann zu den Seerosen, um den Duft zu riechen, der aus diesen Pokalen voll Farbe aufsteigt.

Dazu kommt die ganze wunderbare Welt im und am Wasser, Kaulquappen und Libellen, die trinkenden und badenden Vögel, manchmal das Geschnarr der Frösche, man entdeckt immer mehr Wasserkäfer und tanzende Pünktchen, die Vielfalt wird fast unübersehbar.

Wer vor allem einen Teich zum Schwimmen will, kann sich im Vorhinein oft nur schwer vorstellen, wie viel Zeit man auch sonst am Wasser verbringen wird: rund ums Jahr mit nichts als nur Schauen beschäftigt.

Terrasseneinstieg oder Badehäuschen?

Deshalb sollte man unbedingt daran denken, den Teich rundum zugänglich zu machen. Das erleichtert nicht nur die Pflege, die zum Glück nur die geringfügigste Beschäftigung mit dem Teich darstellt. Vielmehr handelt es sich darum, von vornherein einen Weg mit Stationen einzuplanen, den viele täglich gehen werden, auch mehrfach.

Das heißt aber gleichzeitig, sich bevorzugte Blickrichtungen auszudenken.

Am leichtesten ist dies, wenn der Teich gleich an die Terrasse des Hauses anschließen soll. So sind schon Plätze vorgegeben, von denen aus man die Aussicht aufs Wasser mitsamt den Blüten darauf am häufigsten genießen wird. Dennoch sollte man überlegen, ob es nicht auch andere Stellen – vielleicht am gegenüberliegenden Ufer – geben sollte, wo man direkt am Wasser sitzen und alles überschauen möchte.

Dazu können noch praktische Überlegungen kommen. Von den meisten Terrassen geht man direkt in einen Wohnraum, was aber, mit nassem Badezeug am Leib, nicht von allen Hausfrauen geschätzt wird. Deshalb könnte man den Einstieg ins Wasser auch von irgendwoher im Garten planen und dort noch ein dazu passendes Badehäuschen zum Umkleiden vorsehen.

Diese Lösung wird sich noch mehr empfehlen, wenn der Garten so groß ist, dass ein vom Haus entfernterer Teil zur Wasserlandschaft gestaltet werden soll. Das ergibt dann eine völlig freie Planung, die zuerst einmal die umgebende Natur berücksichtigen sollte, um den Teich möglichst harmonisch einzufügen. Den Einstieg wird man dort planen, wo man auch ein Badehäuschen als passend empfindet.

Abb. 14 – Der Schwimmteich liegt direkt an der Terrasse des Hauses

Dazu kommen weitere persönliche Präferenzen wie etwa, ob jemand den Ruheplatz am Wasser – oder den Ort des Schauens – lieber in der Sonne oder im Schatten haben will. Man kann auch für beide Optionen je ein Podest vorsehen und dazu zwei möglichst verschiedene Perspektiven.

Weniger Freiheit hat man diesbezüglich, wenn der Schwimmteich – was oft der Fall ist – mit einer Sauna kombiniert werden soll. Dann müsste der Einstieg doch ziemlich in deren Nähe liegen. Dafür hat man den Vorteil, dass der Teich – zumindest nach der eigenen Dampferhitzung – einen Großteil des Jahres über benützbar ist.

Schließlich können noch ganz andere Überlegungen für die Lagebestimmung des Teiches ausschlaggebend werden. Wenn jemand ein „Sonnenhaus" mit einer großen, südlichen Glasfront – eventuell mit Wintergarten – plant oder hat, kann ein südlich davor liegender Teich durch die Sonnenreflexion die Erwärmung ganz erheblich steigern. Diese Wirkung kann ein weit vorspringendes Dach im Sommer verringern, doch je flacher die Sonne steht, umso stärker wird sie wieder; also: sowie man sie braucht.

Auch gibt es mittlerweile einige gelungene Versuche, den Teich mittels Wärmepumpe für die Energiegewinnung des Hauses mitzubenützen. Derlei Absichten müssen natürlich bereits vor der Planung bekannt sein.

Und darum geht es hier: Je länger und klarer die Wunschliste ist, umso leichter fällt der Entwurf des künftigen Teichs. Ob man ihn nun selber macht oder (teilweise) mit Hilfe einer Firma.

Folgende Seite: Abb. 15 – Teich mit Badehäuschen

4. DIE PFLANZENZONE

Abstecken

Natürlich kann man auch auf einem Blatt Papier anfangen mögliche Teiche zu entwerfen. Dann sagt man überzeugt: „Na, zwölf Meter sind doch wirklich genug!“

In die Natur übertragen wirkt das Maß oft enttäuschend.

Besser ist’s, die vage Absicht zuerst einmal im Garten abzustecken und deutlich zu markieren, etwa durch Auflegen bunter Baubänder. So bekommt man einen viel besseren Überblick über die wahre Dimension und darauf kommt’s schließlich an. Wo man schwimmen will, sollte man ein paarmal auf- und abgehen. Die Entscheidung, ob man nur ein bisschen tümpeln oder wirklich schwimmen will, kann einem niemand abnehmen.

Hier sei nochmals an die Mahnung ehemaliger Kunden erinnert: Small is not always beautiful.

Und: Markieren und abstecken sollte der so genannte „Laie“ – der das zum ersten Mal tut – ganz unbefangen. Der Profi daneben wüsste vielleicht gleich, dass es so nicht geht. Aber schließlich ist wichtiger, dass der künftige Besitzer und Benutzer des Teiches zuerst seine Wünsche deponiert – und markiert.

Erst dann sollte die Diskussion einsetzen, wie viel davon auf welche Weise zu verwirklichen ist – oder wie man anders zu einem durchaus ähnlichen Ergebnis kommt.

Natürlich kann der „Laie“ dieses Gespräch auch mit sich selber führen, wenn ihm genug Information zur Verfügung steht.

Wer die Zeit dafür erübrigen will und kann, seinen Schwimmteich ganz oder teilweise selbst zu gestalten, wird selbstverständlich von Anfang an eine viel intensivere Beziehung zu dem haben, was schließlich das intimste Stück Natur im Garten sein wird.

Was ist realisierbar?

Erstaunlicherweise nahezu alles. Das ist es schlicht, was wir in diesem Buch zeigen wollen.

Es sind, vom Finanziellen abgesehen, ganz wenige Prämissen, die für einen Schwimmteich unverzichtbar sind: eine Mindestgröße von rund hundert Quadratmetern – je mehr: desto schöner und besser –, der erwähnte Wall zwischen Schwimm- und Pflanzenzone sowie einige Kenntnisse zum Regenerationsbereich: der günstigste Neigungswinkel der Böschung, das Substrat, die wichtigsten Pflanzen. (*Pumpen, Filter & Co.* ist ein eigenes Kapitel für diejenigen, die solche wollen, aber nicht unverzichtbar.)

Und doch noch ein Wort zum Finanziellen: Ein Klein- bis Mittelwagen mag wichtiger erscheinen, vermittelt aber weder so lange noch so viel Genuss wie ein Schwimmteich, den Sie um diesen Betrag auch schon bekommen; selbst ohne einen Finger zu rühren. Und gar erst, wenn Sie ihn rühren …

Neigungswinkel der Böschung

Da war also einmal ein Swimmingpool; das Rechteck kann man als ordentliche, klare Form betrachten oder auch für gänzlich naturfern halten.

Dazu kommt das so genannte „Biotop“ (es müsste *der* Biotop heißen, bedeutet „Ort des Lebens“ und ist natürlich nicht nur im Wasser anzutreffen, doch wir halten uns an den gängigen Sprachgebrauch, der Präzision immer weniger schätzt).

Die Schwimmzone – der ehemalige Swimmingpool – stellt kein Problem dar. Außer jenem, dass sich hier – wegen der Tiefe – die größte Wassermenge befindet. Sie muss „geklärt, lebendig erhalten“ bleiben, sonst geschähe dasselbe wie mit stehen gelassenen Blumen in einer Vase: Das Wasser würde grün und faulig stinkend.

Wie dies biologisch verhindert wird, ist an dieser Stelle noch gar nicht relevant. Die so genannte „Selbstreinigung“ vollzieht sich zwar nicht nur in der Pflanzenzone, ist aber ohne diese nicht möglich.

In diese Pflanzenzone muss „Substrat“ eingebracht werden, also das, worin die Pflanzen wachsen. Welche Mischung immer man verwendet (siehe Seite 41 f.), es ist Material, das unter Wasser auf der geneigten Folie leicht zu rutschen beginnt. Daher gehört die Frage des Neigungswinkels der Böschung zu den wichtigsten, wenn man zu planen beginnt. Würden die am Ufer und im Seichten gesetzten Pflanzen bei der Füllung des Teichs mit Wasser alle ins Tiefere abgleiten und oben die blanke Folie übrig lassen, müsste man wieder und wieder korrigieren: d. h. Substrat nachfüllen, die Pflanzen neu setzen etc.

Zu steile Neigungswinkel der Böschung gehören zu den häufigsten Fehlern beim Selbstbau von Teichen. Man meint einfach: Was im Trockenen stabil wirkt, muss auch unter Wasser halten. Das stimmt halt leider nicht. Und durch das nachträgliche Korrigieren – das Nachfüllen von Substrat – werden zu viele Nährstoffe in den Teich eingebracht; noch dazu gleich zu Beginn, bevor die „Selbstorganisation der Natur“ eingesetzt hat. Es ist nicht so katastrophal, dass alles endgültig verdorben wäre, fördert aber eine Anfangsbelastung durch Algen, die absolut vermeidbar wäre; und es kann um Monate länger dauern, bis sich der Teich klärt, wobei die zusätzliche Nährstoffmenge (des Substrats) noch viel länger negativ wirken kann.

Um das zu vermeiden, müssen alle Böschungen relativ flach sein. Das heißt konkret: Über einen Meter sollte nicht mehr als eine Vertiefung von rund fünfunddreißig Zentimetern erreicht werden. Und erst zwei Meter vom Ufer entfernt wird der Teich – in der Pflanzenzone – rund siebzig Zentimeter tief sein.

Das ist für die Planung sehr wichtig zu wissen, denn nur so kann man abschätzen, wie viel Platz man in der Pflanzenzone vom Ufer bis zum Wall braucht.

Der Wall endet ungefähr dreißig Zentimeter unter der Wasseroberfläche. Nun sollte er – auf der Seite der Pflanzenzone – eine mindestens zehn Zentimeter hohe Barriere gegen Pflanzen und Substrat bilden. Da das Substrat rund zehn Zentimeter hoch aufzutragen ist, müssen also zumindest zwanzig Zentimeter Tiefe dafür vorgesehen werden.

Das heißt vorerst einmal: Von der Höhe des Wasserstands am Ufer braucht man mindestens anderthalb Meter bis zum Wall.

Erst wenn wirklich kein Platz dafür vorhanden ist und man daher steiler werden muss, sollte man an Lösungen wie Böschungsmatten denken: Für den Notfall sind sie gut und teuer genug.

Tiefen in der Pflanzenzone

Auf diese Weise haben wir nicht mehr als rund vierzig Zentimeter Tiefe außerhalb der Schwimmzone erreicht.

Und im Grunde wäre das gut so: Der weitaus größte Teil der Wasserpflanzen ist für Setztiefen zwischen dem Ufer und rund vierzig oder fünfzig Zentimeter geeignet. Hier steht eine Vielfalt zur Verfügung, die abgesehen vom Nutzen sehr schön ist und sich in tieferen Bereichen nicht wohl fühlt. Dabei ist schon hier zu sagen, dass es in der Natur – aus der diese Wildpflanzen stammen – keinen so konstanten Wasserspiegel gibt wie etwa in einem Teich, der bei Verdunstung mehr oder minder schnell nachgefüllt wird. Diese Pflanzen vertragen den Wechsel, sogar zwischen völlig trocken und überflutet; und manche brauchen diesen sogar (und kommen daher für den Schwimmteich weniger in Frage).

Nun gibt es aber auch einige Wasserpflanzen, die für das Wohlergehen oder die Ästhetik des Schwimmteichs wichtig sind, aber mit Setztiefen von vierzig Zentimetern keineswegs ihr Auslangen finden.

Das sind erstens die so genannten Klärpflanzen (siehe Seite 133 ff.), die einen besonders wichtigen Beitrag zur Qualität des Wassers liefern. Sie könnten zwar (weitgehend) durch Pumpen und Filter ersetzt werden, sind aber nicht nur billiger, sondern leisten für eine natürliche Stabilisierung des Teiches entschieden mehr. *Potamogeton lucens,* das Glänzende Laichkraut, oder *Myriophyllum spicatum,* das Tausendblatt, brauchen mindestens einen Meter Tiefe, um sich völlig entfalten zu können. Und wenn's noch tiefer geht, gewinnen sie bloß an Üppigkeit, was ihre Wirksamkeit verstärkt.

Zeichnung Nr. 1

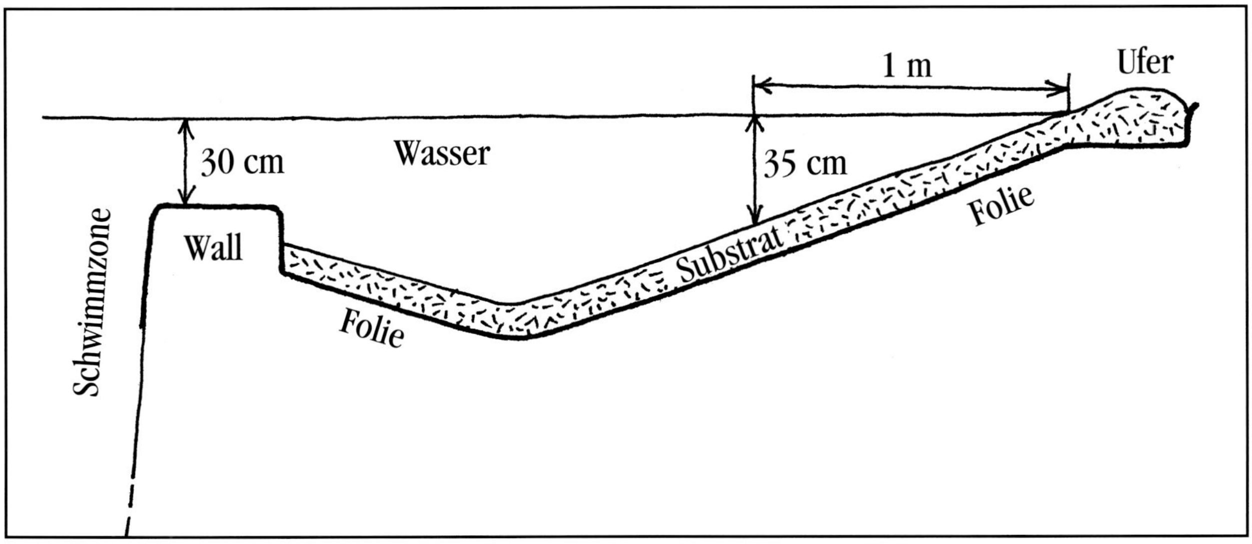

Und zum andern sind da die Seerosen. Zwar gibt es auch „Pygmaeen-Sorten", die schon mit fünfzehn bis dreißig Zentimeter zufrieden sind, aber sie blühen nicht unbedingt häufig. Und schon gar nicht groß. Viele besonders schöne Sorten verlangen siebzig bis hundert Zentimeter Tiefe, andere nur vierzig bis siebzig, aber in allen Fällen ist zu bedenken: Sie geben sich nicht mit zehn Zentimetern eines armen Substrats zufrieden, sondern wollen zwanzig bis dreißig Zentimeter einer anderen Mischung (siehe *Seerosen,* Seite 148 ff.). Also muss man für sie tiefer graben. Außerdem sind Seerosen nicht nur Schmuck: Je mehr es an Schatten fehlt, desto wichtiger werden ihre dichten Schwimmblätter, die das Wasser unmittelbar beschatten und damit kühler halten. Je nach Lage des Teichs – und erst recht in südlichen Ländern – können sie durchaus unentbehrlich werden. Im Allgemeinen ist dies ein Bedarf, gegen den sich kaum jemand verschließt.

Doch um mit einem sachten Neigungswinkel diese erforderlichen Tiefen zu erreichen, braucht es viel Platz. Wenn dieser nicht vorhanden ist, helfen nur mehr „Löcher". Es sind Gruben mit steilen Rändern, die im Prinzip überall eingefügt werden können. Und sie haben, bei entsprechender Größe, durchaus Vorteile. Beim ‚Klärloch" (siehe Seite 45) verhindert diese Isolierung zumindest eine Zeit lang, dass diese ebenso wuchernden wie nützlichen Pflanzen sofort ihre Umgebung erobern. Bei den Seerosen ist dasselbe dauerhaft der Fall: Ihre ausbreitungsbedürftigen Rhizome können natürlich nicht an den glatten Folienwänden emporklettern. (Der häufige Rat, Seerosen nicht in Löcher zu setzen, bezieht sich auf Gruben für einzelne Seerosen, aber nicht auf eine tiefere Ebene von ein paar Quadratmetern.)

Knapp am Wall gesetzt, können die Blätter und Blüten der Seerosen diesen oft äußerst dekorativ kaschieren.

Intermezzo: Unterwasserterrassen

Manche lesen Pflanzenbeschreibungen etwa so: bis zwanzig Zentimeter, bis vierzig, bis sechzig zu setzen. Und sie bauen Unterwasserterrassen wie javanische Reisbauern: zwanzig, vierzig, sechzig; ohne Neigungswinkel.

Das sieht reichlich künstlich aus und behagt auch den Pflanzen nicht wirklich. Wer immer diese Terrassen erfunden hat, muss ein Ordnungsfanatiker gewesen sein. Der senkrechte Teil der Stufen zeigt entweder blanke Folie oder muss mit aufgeschichteten Natursteinen verborgen werden.

Es ist uns kein einziger vernünftiger Grund bekannt, warum man so bauen sollte.

Das Ufer

Man kann den Teich auch ohne Ufer enden lassen, am Wasserrand. Dann ist es notwendig, die Folie dort senkrecht aufzustellen und beiderseits mit Rollschotter so zu umgeben, dass man sie erstens nicht sieht und es zweitens nicht zu einer Kapillarwirkung kommen kann. „Kapillarwirkung" heißt, dass der umgebende Garten durch das Erdreich oder Substrat wie über einen Docht ständig am Teich saugt und selber versumpft. Das muss natürlich verhindert werden, ist aber einfach: Die Folie und der Schotter unterbrechen die Saugwirkung.

In der Natur allerdings endet kein Gewässer – als Biotop gesehen – am Wasserrand. Das Erdreich saugt über beträchtliche Weite und Höhe die Feuchtigkeit auf. Zudem wechselt hier der Wasserstand, er sinkt tief ab oder überflutet.

Hier gedeiht eine eigene Pflanzengesellschaft von großer Vielfalt, die heute besonders bedroht ist. Einerseits durch Regulierungen, die keine Feucht-

Zeichnung Nr. 2

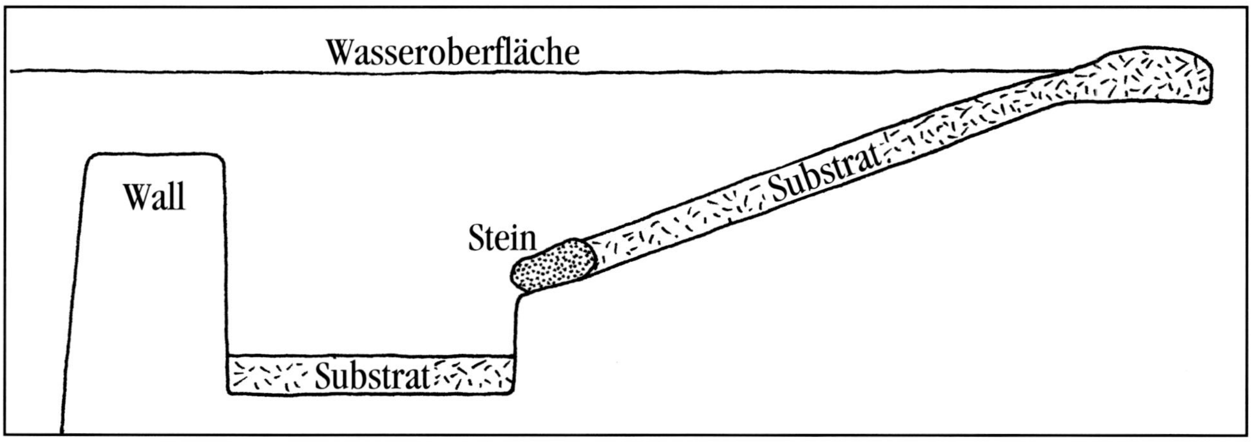

zonen mehr zulassen; andererseits durch eine allgemeine Überdüngung, deren wörtlicher Überfluss in allen Wasserläufen endet. Jene Spezialisten unter den Pflanzen, die seinerzeit in dem angespülten Schwemmgrund am klaren Wasser lebten, werden mit den Mengen an Nitraten und Pestiziden, denen sie an ihrem natürlichen Standort ausgesetzt werden, längst nicht mehr fertig. Entweder sind sie bereits ausgestorben oder stehen, auf schon allzu wenigen Standplätzen, kurz vor diesem Schicksal.

Am Ufer eines Schwimmteichs kann man viele dieser Pflanzen kultivieren. Manche – wie das Lange Zypergras, *Cyperus longus* – sind seit Jahrzehnten aus der „freien", in Wahrheit extrem gemaßregelten Natur verschwunden und existieren nur noch, weil sie für den Verkauf weiter gezüchtet werden. Das kann man durchaus positiv sehen. Die Mode der Biotope und Schwimmteiche hat so manches Überleben gefördert; nicht nur von Pflanzen, sondern auch von Amphibien und Libellen.

Ein naturgemäßes Ufer sollte auch unter diesem Aspekt betrachtet werden. Seine flaches Auslaufen verhindert, dass Tiere, die zum Trinken kommen, an einer glatten, steilen Wand keinen Ausgang mehr finden und jämmerlich ersaufen. Und die außerhalb des flach auslaufenden Teiches befindliche Feuchtzone säumt diesen mit den verschiedensten Blumen, Binsen und Simsen: Dort fühlen sich die Vögel sicherer, ehe sie sich zum Baden ins Wasser wagen, dort genießen die Frösche am liebsten die aufwärmende Sonne.

Zugleich sieht ein solcher Ufersaum am schönsten aus; und grenzt den Teich in besonders typischer Weise vom übrigen Garten ab.

Um das zu erreichen, muss man die Folie von der Stelle, wo das Wasser endet, flach weiterziehen und die Kapillarsperre erst dreißig, fünfzig Zentimeter oder noch weiter entfernt errichten. So weit häuft man auf die Folie Substrat, das dann über dem Wasserspiegel liegt, und es wird immer befeuchtet sein. Dort wachsen die herrlichsten Lilien, Schachbrettblumen und vieles andere, auf das die meisten gewiss nicht verzichten möchten – sowie sie es erst einmal kennen gelernt haben. Es ist eine Pracht, die in der Natur schon weitgehend undenkbar ist.

Und außerdem ergibt sich ein weiterer Nutzen, wenn man diese Uferzone gegenüber dem angrenzenden Weg oder der Wiese etwas erhöht gestaltet: als Barriere nach außen. Denn wenn bei einem Unwetter fruchtbare Gartenerde und anderes in den Teich gespült würde, könnte dies nicht nur eine lang anhaltende Trübung verursachen. Noch schlimmer als diese ist der Nährstoffeintrag, der sich viel länger auswirken kann.

Ein Teich sollte überhaupt nie der tiefste Punkt in einem Garten sein, wo bei jedem Regen alles zusammenrinnt. Eine solche Dauerbelastung von außen würde ihn schnell kaputtmachen.

Somit ist eine sorgfältig ausgestaltete Uferzone eine Lösung, bei der sich Ästhetik und Pragmatik vollkommen decken (siehe auch Zeichnung Nr. 1).

Abb. 16 – Ein recht natürliches Ufer

Abb. 17 – Ufer mit Rosenprimeln und Korkenziehersimsen

5. PLANUNG

Da war also einmal ein Swimmingpool; dazu kam ein Biotop.
Das ist der einfachste Plan: Man verdoppelt die Oberfläche des Pools, am ehesten nach zwei Seiten. Dorthin ist der Wall – üblicherweise – auf dreißig Zentimeter unter der Oberfläche reduziert.
Das ist auch eine bis heute gängige Methode, Swimmingpools in Schwimmteiche zu verwandeln; und braucht wahrhaftig nicht viel Fantasie.
Die zwei anderen Mauern bleiben bis außerhalb des Wassers bestehen und werden, wie alle übrigen Oberlächen, mit Folie überzogen. Dort kann man Liegeflächen aus Holz errichten, die ein bisschen übers Wasser hinausragen und dadurch die senkrechten Folienwände teilweise abdecken.
Dass diese einfache Methode noch immer vielfach angewandt wird, liegt auch daran, dass sie relativ Platz sparend ist. Denn die Ausdehnung nach vier statt zwei Seiten führt – wegen der einzuhaltenden Neigungswinkel in der Pflanzenzone – zu einer größeren Form, die gar nicht immer möglich ist.
Dazu kommt, dass viele Teichbauer – und auch ihre Kunden – der rechteckigen Schwimmzone verhaftet geblieben sind. Hier spielt die Tradition des Swimmingpools sicher eine Rolle. Ebenso die der öffentlichen Bäder, in denen der sportliche Schwimmer seine Bahn hat, in der er gerade schwimmen und dann wenden kann.
Daher gibt es auch viele – relativ große – Teiche, die eine rechteckige Schwimmzone in ihrer Mitte haben; oder auch nur auf der Seite des Einstiegs auf ein flaches Ufer verzichten.
Im Gegensatz zur Geometrie des Rechtecks in der Mitte kann die Pflanzenzone noch immer fantasievoll gestaltet werden: mit Buchten und kleinen Halbinseln, mit abwechslungsreicher Vegetation.
Auch der passionierteste Sportschwimmer kann irgendwann einmal abgelenkt werden: durch Sinnlichkeit zum Beispiel. Damit Wasser diese herausfordernde Eigenschaft verliert, muss es schon sehr gründlich gechlort werden. Im Schwimmteich ist es irgendwie kompakter, es greift anders nach dem Körper, es riecht anders. Es ist eben auch voll von Leben.
Im Schwimmteich lenkt alles – und eben beim Schwimmen – vom Schwimmen ab. Ständig blüht irgendwas, und fast immer in Augenhöhe. Ganz nah sitzt ein junger Frosch auf einem Seerosenblatt.

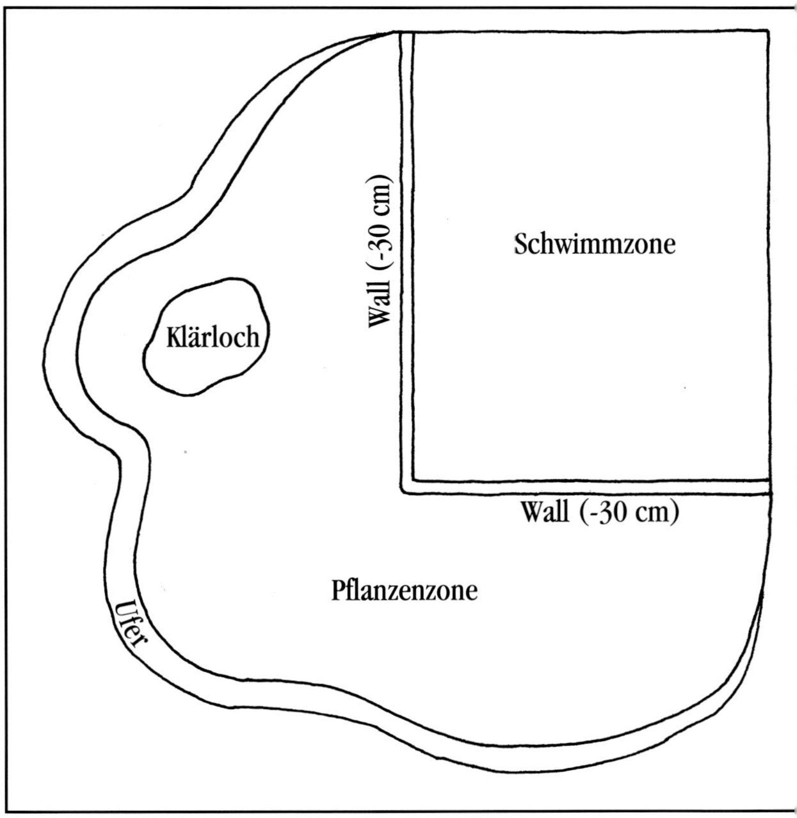

Zeichnung Nr. 3

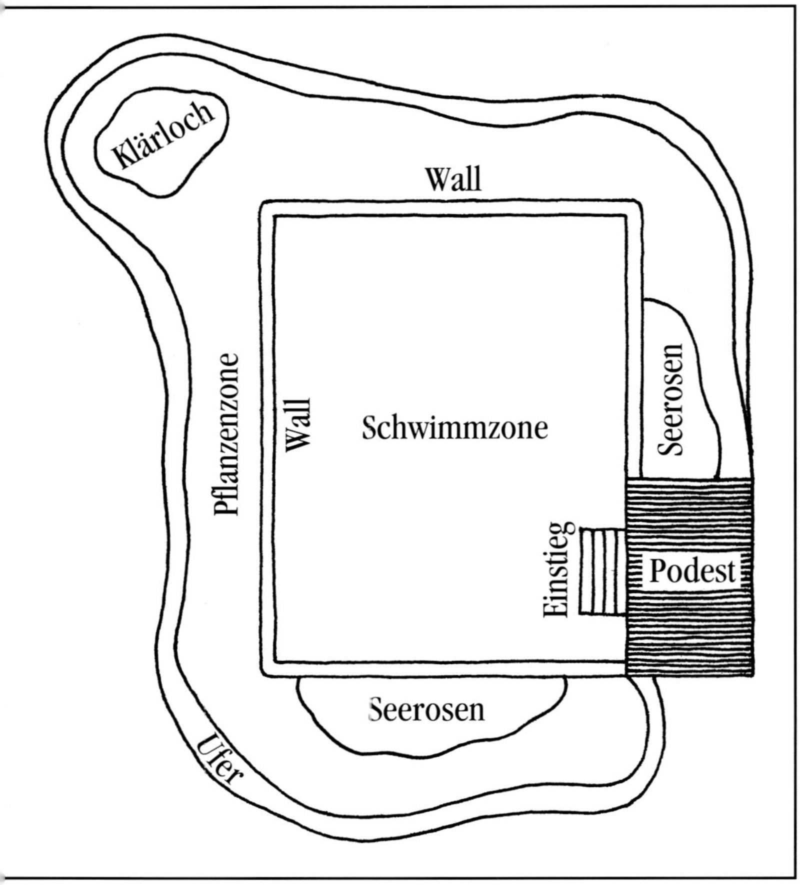

Zeichnung Nr. 4

Dann sammeln sich jählings alle Schwalben der Umgebung dicht überm Wasser. Ihr unfallfreies Durcheinanderflitzen bleibt unverständlich; dann ziehen sie mit der unteren Schnabelhälfte präzise Furchen durchs Wasser, um zu trinken; oder lassen sich, zum Baden, mit gespreiteten Flügeln breit hineinplatschen und steigen sofort wieder auf. Schwimmende kümmern sie nicht; sie tun, was immer sie wollen, knapp vor jedem Gesicht.
Auch sie gehören zu den unerhört vielen, die den Teich als den ihren betrachten, ohne grundbücherliche Einsichtnahme.
Wer schwimmt da noch unbeirrt seine Bahnen?
Der Teich ist ein ständiges Erlebnis. Man schwimmt dorthin und dahin und schaut, sich leicht paddelnd an der Oberfläche haltend. Eigentlich vergisst man recht oft, dass die Fortbewegung eine schwimmende ist: Es geht viel mehr um die köstliche Anwesenheit. Alles lenkt einen ständig von sich selber ab und das ist ein Zustand, der Zeitgenossen selten passiert. Zumindest brauchen sie das hier nicht erst durch Meditation zu lernen.
Im Grunde ist ein Schwimmteich recht freizügig mit seinen Geschenken, ohne dass man sich noch sonderlich anstrengen müsste.
Deshalb hält man sich im Wasser mit einer Intimität auf, die in manchen Schlafzimmern gar nicht mehr so zu Hause ist.

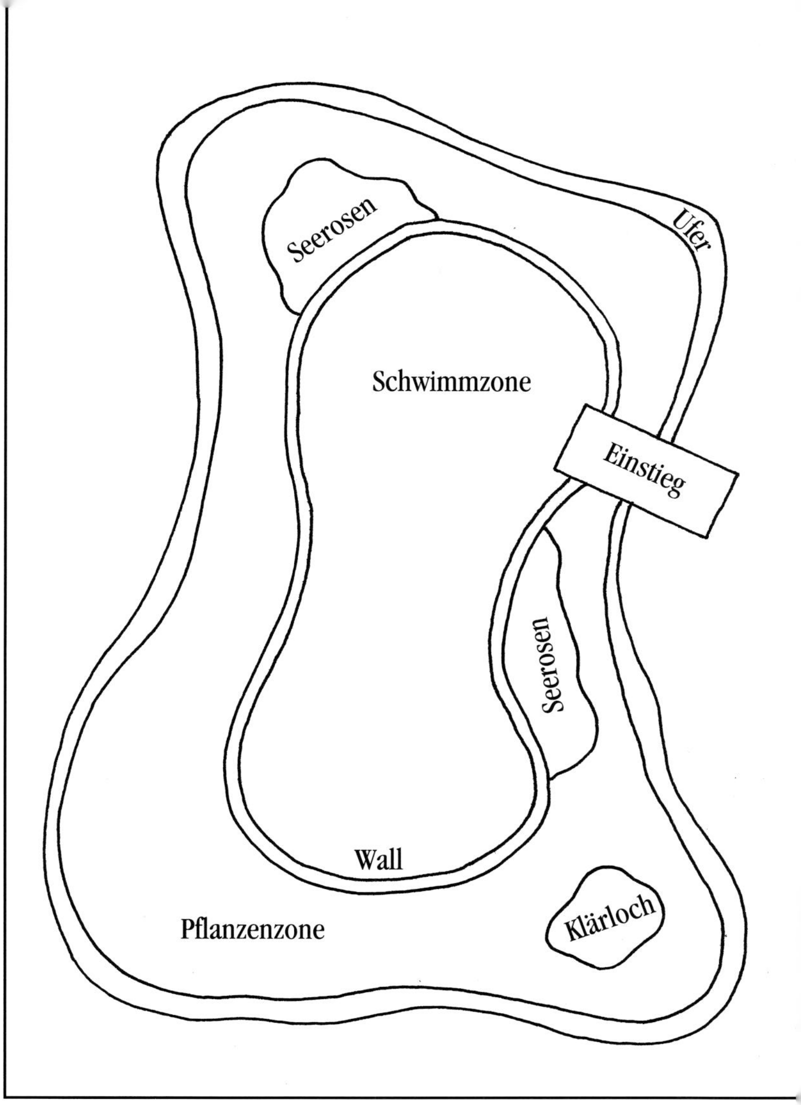

Zeichnung Nr. 5

Und dann geschieht dasselbe wie in andern Lebensräumen: Sie sollten nicht allzu geordnet sein. In sehr klare Geometrie kann wenig Fantasie einziehen. Ein Freund schrieb uns einmal aus Skandinavien, dass ihn die Hybris an Klo-Design bei der Erleichterung behindere.

Die Natur hat – entwicklungsgeschichtlich – die Symmetrie früh verlassen. Was uns von ihr immer geboten wurde, waren und sind Unregelmäßigkeiten. Erst mit der Architektur – bereits jener der Antike – kam der menschliche Gegenentwurf: Denn symmetrische Gebilde sind leichter zu entwerfen als jede Pflanze. Den Konstruktionsgeheimnissen des Bambus kommt man erst heute auf die Spur; und der Faden der Spinne gilt als Technologie der Zukunft.

Das genießerische Wohlbefinden im Teich und die vermutbare Ästhetik des Unregelmäßigen legen Gestaltungen nahe, deren einzige Begrenzung die so genannte „Realisierbarkeit“ ist. Zum Glück ist das eine recht verschiebbare Grenze. Man muss nur genug wollen und die richtigen Einfälle dazu haben.

Im Grunde ist nahezu alles möglich.

Der obige Plan ist dennoch einfach; aber er drückt auch keine Einschränkung aus.

6. DER WALL

Zirkulation

Die Funktion der Trennung zwischen Schwimm- und Pflanzenzone ist wohl schon hinreichend geklärt.
Natürlich muss das Wasser der gesamten Anlage vermischt werden. Das findet im Sommer weitgehend durchs Schwimmen statt. Bei etwa zwei Meter Tiefe in der Schwimmzone macht – in einem zweihundert Quadratmeter großen Teich – am Morgen der Temperaturunterschied zwischen Oberfläche und Grund rund vier Grad aus; nach etwa zehn Minuten Schwimmen sind die Temperaturen überall ausgeglichen.
Ohne Schwimmer – und Wind – geschieht es untertags, dass sich die flachen Zonen des Regenerationsbereiches schneller erwärmen, sodass sich das aufgeheizte Wasser von dort über die gesamte Teichoberfläche ausbreitet. Dabei kommt es zu einer Zirkulation, die weniger erwärmte Schichten nachsaugt. Das ist jedoch eher minimal.
In der Nacht hingegen ist der Austausch viel größer. Die oberste Schicht wird am stärksten abgekühlt und sinkt ab. Sie hat – an der Oberfläche – am meisten Sauerstoff gebunden. Den brauchen die Pflanzen, die untertags Sauerstoff produziert haben, jetzt im Dunkeln; dafür geben sie CO_2 ab, das sie untertags wieder verbrauchen. Durch das ständige Absinken des abgekühlten Wassers kommt ununterbrochen neues an die Oberfläche, das dort Sauerstoff aufnehmen kann, ehe auch dieses wieder ins tiefere Wasser gerät, wo seine Fracht benötigt wird.
Im Grunde ist dazu nur zu bemerken: Die Natur funktioniert, solange man sie nicht stört.
Soweit sind sich auch die Teichbauer einig.
Doch wie man diesen Wall am besten gestaltet, hat mittlerweile geradezu unendlich viele Ideen gezeugt, die teilweise auch durch angemeldete Patente geschützt sind.
Alle Methoden sind diskussionswürdig und wofür man sich entscheidet, ist vor allem eine Frage des persönlichen Geschmacks.

Erdwall

Die einfachste und billigste Art ist es, den Wall gar nicht erst zu bauen, sondern beim Teichgraben schlicht stehen zu lassen. Bis der Bagger die gesamte Teichfläche um dreißig Zentimeter abgegraben hat, ist durch sein Gewicht das Erdreich darunter bereits ziemlich verdichtet. Nun hebt er die Grube der Schwimmzone aus, wobei die Seitenwände, der größeren Stabilität wegen, auch leicht geneigt sein können.
Dann beginnt er dreißig bis fünfzig Zentimer außerhalb der Schwimmzone den Pflanzenbereich auszuformen. Der Wall dazwischen ist zuletzt gewissermaßen übrig geblieben.
„Dreißig bis fünfzig" Zentimeter kling recht unpräzis. Aber es hängt davon ab, wie fest die Erde ist und wie tief auf der Pflanzenseite wieder hinabgegraben wird. Ob der Wall dann genügend stabil ist, kann nur vor Ort beurteilt werden.
Ein weiterer Vorteil dieser Methode ist es jedenfalls, dass sie keinerlei Formgebung vorschreibt. Ob rund und geschwungen oder grad und eckig: Alles ist möglich.
Nach dem Graben muss man nur noch – im gesamten zukünftigen Teich – sorgfältig prüfen, ob nirgends spitze Steine aus dem Erdreich ragen: Denn sie könnten die Folie beschädigen, wenn der Wasserdruck diese dagegen presst. Ist dies irgendwo der Fall, muss man entweder feinen Sand aufschütten – bis zu fünf Zentimeter hoch – oder etwa am Wall Vlies darüber hängen. Als nächstes kann bereits die Folie verlegt werden.
Rechnet man ca. zwei Tage fürs Graben und ebenso lange fürs Schweißen der Folienbahnen – wozu im Allgemeinen drei Leute nötig sind –, dann ist ein rund zweihundert Quadratmeter großer Teich schon nach vier Tagen recht weit gediehen.

Zeichnung Nr. 6

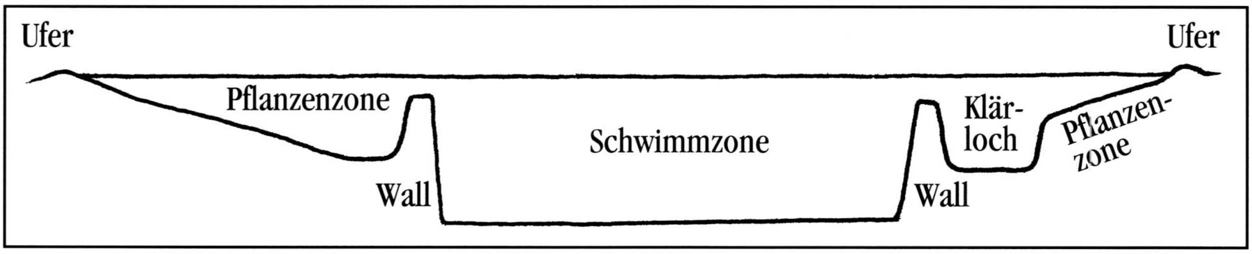

Schalsteine

Allerdings geht es leider nicht immer so einfach. Wenn es sich nicht um gewachsenes Erdreich handelt, sondern um sandiges und schottriges Terrain oder um aufgeschütteten Grund, würde der Wall rieselnd zerfallen.
Dann muss er doch gebaut werden, was am einfachsten mit Schalsteinen geht. Man muss diese auch nicht überall grad hintereinander setzen, sondern kann – mit jeweils flachen Winkeln – durchaus kurvige Formen bilden. Zum Abschluss sollte der Wall oben abgerundet und überall zumindest oberflächlich so verputzt werden, dass er für die Folie einen möglichst glatten Untergrund bildet.
Und weiter geht's wie gehabt: Es wird die Folie verlegt.

Natursteine

Während die einen mit einer solchen Bauweise auch ästhetisch durchaus zufrieden sind, empfinden andere die blanke Folie zumindest oben am Wall – also dreißig Zentimeter unter Wasser – als nicht sonderlich schön. Dann empfiehlt es sich, als noch immer billigste Lösung, die Oberseite des Walls mit größeren flachen Steinen abzudecken. Wenn sie nicht zu kantig sind und man die Folie entweder durch Vlies oder eine zweite Lage von Folienflecken schützt, kann man darauf im seichten Wasser sogar sitzen.
Aber natürlich kann man die Folie auch beliebig tiefer vom Schwimm- in den Pflanzenbereich führen und den ganzen oder zumindest den oberen Teil des Walls darüber aus Natursteinen aufmauern. Ebenso lassen sich Treppen oder anderes direkt auf der Folie errichten.
Allerdings stellen diese Aufbauten ein erhebliches Gewicht dar. Wenn irgendwo der Untergrund nicht sorgfältig genug vorbereitet ist und nachgibt, kann es dort – auch nach längerer Zeit – noch zu einer Beschädigung der Folie kommen. Diese Stelle ist dann nicht nur schwer zu finden, sondern noch schwerer freizulegen.

Teichsäcke

Es gibt auch andere Systeme, die von der Schwimmzone die Folie nur leicht erhöht in den Pflanzenbereich weiterführen und den Wall erst nachher darüber setzen.
Da ist einmal die Methode, schlicht Teichsäcke (ähnlich wie bei der Hochwassersicherung von Dämmen) übereinander zu schlichten: Durch ihr großes Gewicht bleiben sie hinreichend stabil. Außerdem lassen sie sich jeder gewünschten Form anpassen.

Abb. 18 – Hier ist der Folienwall zur Gänze mit Steinen verkleidet

Holzrahmen

Bei der Holzbauweise kommen hingegen nur geometrische Formen des Schwimmbereichs – meist ist es das althergebrachte Rechteck – in Frage. Dazu verwendet man – ebenso wie für Podeste, Brücken, Stege und Treppen – fast ausschließlich Lärchenholz, das wegen seines hohen Anteils an Harz auch unter Wasser sehr lange nicht verrottet.
Statt des Walls stellt man einen Holzrahmen zur Begrenzung der Schwimmfläche auf die Folie. Dieser

Rahmen ist meistens über seine ganze Höhe durchlässig, sodass das Wasser zwischen Schwimm- und Pflanzenzone auch tiefer durchmischt wird und nicht nur auf den obersten dreißig Zentimetern. Das ist sicher nicht ungünstig, aber – wie die andern Bauweisen zeigen – auch nicht unbedingt notwendig.
So geht es letztlich auch hier eher darum, was einem gefällt. Wer unter Wasser die klare Begrenzung durch Holz sehen will und dazu eine übersichtliche Form liebt, wird sich dafür entscheiden.

Abb. 19 – Der Holzrahmen ist deutlich sichtbar

Abb. 20 – Doch auch bei dieser Bauweise sind unregelmäßigere Formen möglich

7. DAS SUBSTRAT

Armut

„Substrat" heißt der Wortbedeutung nach: was darunter liegt. Für Pflanzen und ihre Wurzeln ist das sehr entscheidend, sodass sich für die verschiedenen Mischungen, die sie brauchen, eben dieses Wort eingebürgert hat.

Was das „Teichsubstrat" betrifft, herrscht allerdings reichliche Uneinigkeit darüber, wie es beschaffen sein sollte.

Dennoch kann man etwas Grundlegendes dazu sagen: Es sollte recht arm an Nährstoffen sein. Denn diese werden im Wasser gelöst und dienen dann den Algen als Nahrung.

Gewöhnliche Gartenerde mit Humus kommt also gewiss nicht in Frage. Ihre Verwendung in Biotop oder Schwimmteich würde zu durchgehend grünen Algensuppen führen.

Und bei einem zu reichhaltig geratenen Substrat sind nachträgliche Sanierungsarbeiten am schwierigsten. Schlimmstenfalls müsste man den ganzen, schon bepflanzten Teich wieder ausräumen.

Schotter

Kleine oder größere Steine sind natürlich das ärmste Substrat; und eine Zeit lang war es auch das beliebteste.

Von Nährstoffen ist bei Schotter überhaupt nicht die Rede. Im Grunde dient er nur dazu, einen pflanzlichen Wurzelballen festzuhalten und zu verbergen. Über hellem, sauberem Kies steht dann die Pflanze mit ihrem frischen Grün im Wasser, das nun – so sieht es aus – nichts mehr trüben kann.

Vor allem ein eben fertig gestellter Teich, der auf diese Weise gemacht wurde, wirkt sehr überzeugend.

Dahinter stehen einige sehr einfache Überlegungen. Erstens meint man, je weniger Erde mit den Wurzeln der Pflanzen eingebracht wurde, umso geringer wird die „Verschmutzung" des Teiches bleiben. Zweitens sieht man die so gesetzten Pflanzen am ehesten wie in der Hydrokultur: Sowie Nährstoffe im Wasser gelöst werden, nehmen die Wurzeln sie sofort wieder auf.

Das klingt ganz nach einem perfekten System der Armutserhaltung.

Doch ist ein Teich ein sehr viel komplexeres System als eine Hydrokultur; die Grundvoraussetzung für sein Funktionieren ist eine dichte Belebung des Wassers mit Plankton, Bakterien und Pilzen. Und dazu kommt es in einem System, das außer Armut wenig zu bieten hat, nur recht langsam und unvollständig.

Ein wesentlicher Grund dafür ist auch die notwendigerweise dürftige Bepflanzung. Statt sechzig, siebzig oder mehr Sorten sind für den Schotter nur wenige geeignet; meist robuste Pflanzen, die sich durch Steine in ihrer Ausbreitung nicht behindern lassen und mit kräftigen Wurzeln tatsächlich alles aus dem Wasser filtern, was sie brauchen. Die meisten schön blühenden Pflanzen – etwa Wasserschwertlilien und Seerosen – und alle, die zarter gebaut sind, vegetieren im Schotter nur mühsam dahin, blühen wenig und verschwinden teilweise wieder.

So wird gerade der reine Schotterteich mit den üblichen Belastungen – Algensporen, Laubblätter im Herbst – schwerer fertig, sodass schließlich Pumpe und Filter geradezu als notwendig erscheinen.

Doch ab dem dritten Jahr beginnt sich das langsam zu ändern. Der Mulm, der durch die zersetzten Pflanzenreste und anderen „Abfall" gebildet wird, sorgt schließlich dafür, dass der Boden zunehmend fruchtbarer wird. Dann fangen auch Pflanzen mit größerem Nähstoffbedarf wieder zu gedeihen an – allerdings erst, wenn man von den schönen, sauberen Steinen unterm Mulm nichts mehr sieht.

Da das anfangs gar so hübsch und säuberlich aussieht, belegt man manchmal auch den Boden der Schwimmzone mit hellem Kies. Wenn es dann auf und zwischen den Steinen zur Mulmbildung kommt – wie gesagt: etwa ab dem dritten Jahr –, setzen sich dort Pflanzen fest, die sich über frei schwimmende Ableger vermehren. Das kann ebenso die Wasserpest wie das Tausendblatt sein, verschiedene Laichkräuter und selbst der Wasserhahnenfuß. Und auf einmal ist die ganze Schwimmzone mehr oder minder dicht verwachsen, was kaum jemandem angenehm sein wird.

Natürlich kann man diese Pflanzen relativ leicht ausreißen, aber wirklich los wird man sie auf diese Art nie. Die einzige dauerhafte Sanierung besteht darin, den gesamten Kies wieder auszuräumen – oder mit Beton zu übergießen.

Taugliche Substrate

Die Qualität des Substrats wird durch den Anspruch bestimmt. Es soll wenig Nährstoffe ans Wasser abgeben; es soll auch ein allzu üppiges Wuchern der Pflanzen verhindern. Aber es muss diesen doch genug bieten, sodass eine große Vielfalt gesund wachsen kann.

Wie bereits erwähnt: Humus und Gartenerde kommen nicht in Frage. Doch ein recht sandiger Lehm, der mit feinem Geröll untermischt ist, erweist sich als äußerst günstig. Das kann etwa aussehen wie ein leicht schottriges Sandgemisch, das man zum Betonieren verwendet; wenn allerdings auch noch der Lehmanteil groß genug ist, wäre es für Beton nicht mehr geeignet. Und genau dann ist es wirklich ideal für den Teich.

Ein solches Gemisch findet sich oft fertig in Flussablagerungen und braucht gar nicht eigens hergestellt zu werden. Nur in Gegenden von Urgestein oder Buntsandstein wird man es schwerer finden, da der lehmige Kalkanteil dort fehlt. In diesem Fall ist es besser das Substrat von weiter her kommen zu lassen, als das vorhandene Material zu benützen.

Manche Firmen oder Blumengroßmärkte bieten auch eigene Teicherde an. Zumeist handelt es sich um ein geheimnisvolles Gemisch, das ganz erstaunlich teuer ist. Und nahezu immer ist es eher für Biotope als für Schwimmteiche geeignet: es ist zu fruchtbar und fein, also oft mit einem sehr hohen Tonanteil versehen. Das ist dann ein Material, das im Wasser sehr leicht aufwirbelt und sogar Wochen brauchen kann, ehe es sich wieder absetzt. Da im Biotop nicht geschwommen wird, stört es dort weniger.

Dazu kommt, dass man das Substrat in der gesamten Pflanzenzone ungefähr zehn Zentimeter hoch auftragen muss. Das ergibt einen Kubikmeter für zehn Quadratmeter – und also leicht das Zehnfache für einen mittleren Teich. Eine solche Menge muss man nicht unbedingt in teuren kleinen Säckchen erwerben.

8. DIE SELBSTORGANISATION DES TEICHS

Man spricht auch von der Selbstreinigung des Wassers – aber natürlich wäscht es sich nicht selber. In Wahrheit handelt es sich um viele vernetzte Kreisläufe, an denen unzählige Lebewesen beteiligt sind.

Abbau

Jeder organische Stoff in einem Teich – ob ein hineingefallenes Blatt oder eine ertrunkene Biene – wird irgendeinmal abgebaut. Das heißt: in seine einfachsten chemischen Verbindungen aufgespalten. Bei jedem dieser vielen Schritte – bis zur endgültigen Vereinfachung – wird Energie frei. Davon leben all die Wesen, die daran beteiligt sind.

Das reicht von den Wasserschnecken, welche die weich gewordenen Stellen abgestorbener Pflanzenteile mit ihren Zungen abraspeln (aber auch ganz brav den Algen- oder Mulmbelag von der Folie putzen), bis zu den rund drei Millionen Bakterien und ebenso vielen Pilzen pro Milliliter Wasser.

Wer bei Bakterien gleich an Krankheiten denkt, irrt gründlich. Sie sind nur die kleinsten Aufspalter; dass einige ganz wenige von ihnen dabei stoffliche Veränderungen bewirken, die irgendwelchen andern und riesigen Lebewesen schaden können, ist jenseits ihres Horizonts. Im Wasser braucht man diesbezüglich nichts zu befürchten. Denn die Krankheitserreger der Warmblüter fühlen sich in diesen selber sehr viel wohler als draußen in der freien Natur – nämlich im Teich –, wo sie mehr oder weniger schnell absterben, wenn sie nicht vorher schon gefressen werden. Da öffentliche Anlagen – Hotel- und Gemeindebäder – seit Jahren existieren und ihr Wasser während der Badesaison alle vierzehn Tage analysiert werden muss, weiß man darüber recht genau Bescheid. Und die Vielzahl der Messungen, die der Verband österreichischer Schwimmteichbauer mittlerweile in den von seinen Mitgliedern errichteten privaten Teichen durchführen ließ, haben das nur erhärtet. Selbst die Erreger des Fußpilzes haben im Schwimmteich keine Chance; sie werden in der Wassermenge so schnell verteilt, dass nirgends die zur Ansteckung notwendige Konzentration übrig bleibt.

Das ist überall in der Natur so und im Teich nicht anders.

In jedem Teich wird auch, alle Zeit hindurch, ständig gemordet. Die Larven der später so schönen Libellen und ein Großteil der Wasserkäfer stürzen sich auf nahezu jede Beute, die ihre eigene Körpergröße nicht übertrifft; sie weiden sogar kleine Kaulquappen aus. So wird ein Teil der organischen Stoffe zu Fäkalien – die ebenso wie jene der Frösche keine Keime enthalten, die für den Menschen schädlich werden könnten. Wieder sind es hauptsächlich die Bakterien und Pilze, die diese weiter aufspalten. Je mehr Leben im Wasser ist, umso weniger kann es zu einer Anreicherung von Schadstoffen kommen.

Das übersieht gänzlich, wer Hygiene mit Sterilität übersetzt. Nur lebloses Wasser wird faulig und stinkend.

Damit in einem künstlich, aber naturnah angelegten Teich die Wasserqualität zumindest der eines sauberen Sees entspricht, muss man alles Leben im Teich fördern. Und darf gar nichts davon durch falsche Vorstellungen von Ordnung oder Sauberkeit behindern. Dicht belebtes Wasser ist sauberer als gefiltertes.

Daraus ergibt sich übrigens auch, warum die so genannte Regeneration des Wassers nicht nur in der Pflanzenzone stattfindet, sondern eben überall im Wasser.

In diesem fast unendlichen Mikrokosmos gibt es Spezialisten für nahezu alle stofflichen Verbindungen. (Nur die neu von uns ausgeheckten lassen sich nicht knacken – weil es eben keine millionenjährige Anpassung an diesen vielleicht doch möglichen Verzehr gab.) So kann man sicher sein, dass dieser Kreislauf des Abbaus funktioniert – wenn alle Beteiligten vorhanden sind (siehe *Impfung*, Seite 45).

Aufbau

Die vielfältige Nährlösung Wasser – reines H_2O gibt es in der Natur nicht – wird ständig neu aufbereitet. Für die Pflanzen ist es absolut notwendig, dass sie ihre – sozusagen – Grundnahrungsmittel in dieser einfachen, im Wasser gelösten Form angeboten bekommen. Das ist in der feuchten Erde nicht anders als im Teich. Dann brauchen sie nur noch Licht und – untertags – CO_2. Das aber haben sie nicht nur selber in der Nacht ausgeschieden, sondern es steht ihnen durch das lehmige Substrat reichlichst zur Ver-

fügung – nämlich in der Form von Kalziumbikarbonaten, aus denen sie – oft direkt am Blatt – den Kalk abspalten. (Damit ist klargestellt, warum ein nicht kalk- bzw. lehmhaltiges Substrat untauglich ist.)
Nun gibt es im Teich die vergleichsweise großen Pflanzen, die wir gesetzt haben; dazu kommen die ebenfalls gut sichtbaren Fadenalgen (oder Algenwatten), die plötzlich ganz von alleine da sind; und dann die mit freiem Auge unsichtbaren Pflanzen. Das sind die weitgehend einzelligen Algen. Diese drei Gruppen beginnen jeden Frühling den Wettlauf um die gelösten Nährstoffe. Dabei produzieren alle drei durch Fotosynthese Sauerstoff.
Da das Wasser vorläufig noch reichlich kühl ist, kann es viel davon aufnehmen. Dessen Kapazität den Sauerstoff zu binden nimmt mit jedem zunehmenden Temperaturgrad ab; bei über 23 Grad ersticken bereits die Forellen. Dann hilft auch kein Hineinsprudeln und kein Wasserfall; das nicht mehr bindbare Gas entweicht einfach wieder. Aber in einem normal mit Pflanzen besetzten Teich ist ohnehin immer genügend Sauerstoff vorhanden.
Und den brauchen nahezu alle im Wasser, die irgendwas fressen oder aufspalten: von den Bakterien über die Rädertierchen bis hin zu den Wasserflöhen, die man bereits mit freiem Auge als winzigste zuckende Pünktchen wahrnehmen kann. Sie alle atmen und „verbrennen" ihn, er ist der ununterbrochene Energiezufluss des Lebens.
Auf diese Weise sind alle Prozesse miteinander verbunden, die Tiere, die Pflanzen und die Chemie des Wassers; und alles in gegenseitiger Bedingtheit.
So produzieren unter Umständen die einzelligen Algen selber den Sauerstoff, den die Wasserflöhe brauchen, um diese Algen fressen zu können. Diese winzigen Lebewesen nennt man in ihrer Gesamtheit das Plankton – „Phytoplankton" ist das pflanzliche, „Zooplankton" das tierische.
Natürlich müssen bereits genug Algen da sein, damit auch die Population ihrer Fressfeinde anwachsen kann. Dann schlägt das Verhältnis um: Die Algen werden fast vernichtet, die Tierchen sind zu viele geworden. Das ist – in der Natur wie im Teich – die Zeit des klarsten Wassers, etwa Ende Mai, Anfang Juni. Was gefressen wurde, steht noch nicht als erneuerter Nährstoff zur Verfügung.
Dann sinkt, wegen Nahrungsmangels, auch die Zahl der Algenfresser wieder stark ab. Das gibt einzelnen – vor allem größeren – Sorten von Algen wieder eine Chance; und so wiederholen sich die Zyklen, allerdings in immer flacheren Kurven.
Deshalb ist auch klar, dass es keine absolut gleich bleibende Wasserqualität geben kann; sie unterliegt gesetzmäßigen Schwankungen.

Beeinflussungen

Dass der Mensch an diese – sich ständig selbst korrigierenden – Gleichgewichte nicht rühren sollte und dies auch schwer vermag, ist wohl selbstverständlich. Jeder chemische Eintrag in den Teich – etwa durch Mittel gegen Algen – wäre ein arger Irrtum mit negativen Folgen. Es würden Zusammenhänge gestört oder unterbrochen, deren Fehlen schlimmere Auswirkungen haben könnte, als es die Ursache des Eingriffs war.
Dennoch ist eine gewisse Einflussnahme möglich.
Wenn man zum Beispiel Pflanzen setzt, die auch im Winter unter Wasser (und sogar unter Eis) grün bleiben – etwa Arten der Wasserpest, des Tausendblatts, doch auch der Zungenhahnenfuß gehört dazu –, dann ist im Frühjahr das Wasser bereits mit Sauerstoff angereichert, bevor noch die einzelligen Algen beginnen welchen zu produzieren. So können ihre Fressfeinde fast gleichzeitig einsetzen: sowie eben die Nahrung wächst. Dadurch bleibt eine sichtbare Frühlingstrübung des Wassers – es ist an sich die stärkste des Jahres – fast aus.
Dass zur selben Zeit – zumindest in den ersten Jahren des Teiches – große Büschel von Fadenalgen wachsen, entzückt zwar kaum jemanden, sollte aber nicht stören. Diese zeigen nicht nur gute Wasserqualität an, sondern sind gewissermaßen besonders praktisch, um dem Teich die in ihnen gebundenen Nährstoff-Überschüsse zu entnehmen. Das geht im Allgemeinen recht leicht: Man fischt sie entweder mit dem Kescher heraus oder mit einem langen Stock, der ein paar Haken am Ende hat – damit kann man sie säuberlich aufrollen wie Spaghetti. (Nur mit Eisenrechen sollte man wegen der Folie vorsichtig sein.) Dann kann man sie vorzüglich als Kompostbeschleuniger verwenden.
Für genügend Sauerstoff im Wasser – rund ums Jahr – sorgt nichts so zuverlässig und einfach wie ein ausreichender Besatz mit Unterwasserpflanzen. Sie können das Wasser praktisch immer nah am – temperaturabhängigen – Sättigungsgrad halten. Das einzige Problem könnten zu hohe Temperaturen werden. Aber das wurde schon erwähnt: Gerade dann verdunstet auch am meisten, man kann kälteres Wasser nachfüllen.
Zudem erwärmt sich ein Schwimmteich nicht nur sehr schnell – sodass man manchmal bereits im Frühling schwimmen kann –, er kühlt auch ebenso rasch wieder aus. So kann er in einer etwas frischeren Sommernacht wieder drei oder vier Grad verlieren; deshalb ist auch bei anhaltendem Schönwetter nicht unbedingt mit einem konstanten Temperaturanstieg zu rechnen.

Klärloch

Gerade die nützlichsten und größten Unterwasserpflanzen neigen zum Wuchern. Auch deshalb kann man ihre Blattmasse geradezu als die Lunge eines Teiches betrachten – die allerdings Sauerstoff spendet. Außerdem sind diese Blätter in der Lage gelöste Nährstoffe direkt dem Wasser zu entnehmen – neben einer so übermächtigen Konkurrenz haben einzellige Algen keine Vermehrungschance.

Um das Wuchern einzudämmen, empfiehlt sich das „Klärloch"; es befindet sich in der Pflanzenzone und ist einfach eine tiefere Grube. Die anfangs so sichtbaren Folienwände brauchen nicht zu bekümmern: man wird bald nur noch das an die Oberfläche quellende Grün sehen. Als Lage empfiehlt sich eine Bucht an jenem Ende des Teiches, wo der – vorherrschende – Wind alles zusammentreibt, was auf der Oberfläche schwimmt: Blätter, Blütenstaub, was auch immer. Wenn das dann dort absinkt, stört es nicht und wird am raschesten wieder verwertet. (Zur Selbstreinigung der Wasseroberfläche empfiehlt sich auch ein rundum flach auslaufendes Ufer, wo von Wind und Wellen – wie in der Natur – alles abgelagert wird und verlandet.)

Das Klärloch braucht bei einem mittleren Teich nicht größer zu sein als etwa drei Prozent der Gesamtoberfläche – das ergibt sechs Quadratmeter für einen Teich von rund zweihundert Quadratmetern. Bei kleinen, stark beanspruchten Teichen können es auch fünf bis sechs Prozent sein. Es sollte zwischen einem und anderthalb Meter tief sein; für die Bepflanzung haben sich das Glänzende Laichkraut *(Potamogeton lucens)* sowie das Ährige Tausendblatt *(Myriophyllum spicatum)* am besten bewährt. Beide Pflanzen erreichen schnell die Oberfläche und breiten sich dann dicht aus; für die Anfangsbepflanzung reichen vier bis fünf Stück pro Quadratmeter.

Man kann diese Pflanzen auch mehrmals im Jahr kräftig zurückschneiden; dadurch erreicht man ebenso eine Nährstoffentnahme aus dem Teich wie beim Abfischen der Fadenalgen.

Impfung

Was für eine entscheidende Rolle bei allen Prozessen im Wasser die Pilze und Bakterien sowie das Plankton spielen, ist mittlerweile sicher deutlich genug.

Ein Teil davon wird schon mit den Wasserpflanzen „eingeschleppt". Aber vielleicht nicht alles; oder von manchem zu wenig.

Daher sollte man wenige Tage nach dem erstmaligen Anfüllen des neuen Teiches eine „Impfung" vornehmen. (Rund fünf Tage zu warten hat man, wenn Leitungswasser verwendet wurde, denn so lange braucht das Chlor zum Entweichen.) Dazu reicht es, aus einem älteren, funktionierenden Biotop oder Schwimmteich einen Kanister Wasser zu entnehmen und schlicht in den eigenen Teich zu schütten. Das kann die Anfangstrübung des Teichs von zwei oder drei Monaten bei günstigem Wetter auf ebenso viele Wochen reduzieren, da alle notwendigen biologischen Kreisläufe sofort starten.

Nochmals: Wasser

Für die Qualität des Teiches spielt natürlich auch das verwendete Wasser eine Rolle: sowohl beim ersten Mal wie auch beim späteren Nachfüllen. Es sollte im Grunde immer Trinkwasserqualität haben. Das ist bei Leitungswasser zum Glück fast noch überall der Fall.

Bei Brunnenwasser – das natürlich billiger käme, vor allem bei der Erstfüllung – ist das vor allem in landwirtschaftlichen Zonen nicht mehr so sicher. Da sollte man es vorher gründlich untersuchen lassen, nicht nur auf Nitrat als Folge von Überdüngung, sondern auch auf Pestizide – die haben im Teich wirklich nichts verloren. Wenn eine Zisterne für Regenwasser zur Verfügung steht, muss man regelmäßig den pH-Wert messen; allzu saures Wasser ist dem Teich nicht zuträglich, der eher zum alkalischen Bereich tendiert – für ihn sind Werte von 6 bis 9 zulässig.

9. PUMPEN, FILTER & CO.

Ein biologisch richtig etablierter Teich braucht keine technischen Hilfsmittel; vielmehr müssen diese eher vorsichtig eingesetzt werden, um die natürlichen Gleichgewichte nicht zu stören.

Abb. 21 – Quellstein

Pumpen

Aber selbstverständlich braucht ein Bachlauf, ein Wasserfall oder Quellstein eine Pumpe.
Vielfach werden Quellstein, Wasserfällchen oder Bachlauf als günstig bis notwendig für den Teich ausgegeben. Das ist nicht so sehr der Fall, wie es manchmal behauptet wird. Ein Bachlauf, der wie in der Natur das Wasser klärt, nämlich mechanisch, indem es über und durch Schotter läuft und dabei schwerere Partikel absetzt, müsste für einen mittleren Schwimmteich 150 bis 200 Meter lang sein; dafür ist in kaum einem Garten der Platz vorhanden – von den Kosten ganz zu schweigen.
Ein paar Meter Bachlauf haben diesbezüglich also einen geringfügigen Nutzwert. Zu Quellsteinen oder Wasserfällen wird auch angegeben, dass sie für die Bereicherung mit Sauerstoff so wesentlich seien. Das sind sie in der üblichen Größenordnung nur wenig; diese Anreicherung wird, wie erwähnt, durch Unterwasserpflanzen viel gründlicher besorgt. Außerdem vertreibt ein Wasserfall – oder ähnliche Wasserspiele – das Zooplankton aus der ganzen Umgebung; es liebt ruhige Zonen.
Damit stellt sich auch hier – wie bei vielen anderen Fragen – heraus, dass es nur um Vorlieben des künftigen Teichbesitzers geht. Manche wollen Wasser ständig plätschern hören oder das Fließen sehen.
Wenn man dergleichen selber macht, sollte man darauf achten, dass sich außerhalb des Teiches ein gemauerter Pumpenschacht befindet. Dort muss die Pumpe untergebracht und das Wasser von außen aus dem Teich gesaugt werden, um es an einer anderen Stelle wieder einfließen zu lassen. Eine Tauchpumpe

direkt im Schwimmteich anzubringen ist mit Recht verboten; sie könnte sich bei einem Defekt zur tödlichen Stromfalle verwandeln. Besser ist es, Pumpen nur von Fachleuten montieren zu lassen.
Diese sind jedoch im Allgemeinen keine Spezialisten für Biologie; und lieben Pumpenleistungen, die man sieht und hört.
Und das ist oft gar nicht so gut. Wir haben mehrmals – uns vorher unbekannte – Teiche „saniert", indem wir nichts anderes vorgeschlagen haben als die Pumpe für vier bis sechs Wochen abzuschalten. Und dann war das Wasser „wunderbar" klar. Gelegentlich setzten wir auch einige (bisher fehlende) Unterwasserpflanzen.
Der Grund liegt auf der Hand: Eine ständig zu starke Umwälzung des Wassers verhindert, dass sich das Plankton darin natürlich entwickeln kann. Durch die künstliche bis gewaltsame Behandlung des Wassers wird alles Leben darin ständig gestört. So werden immer weniger Stoffe abgebaut und zu schlechter Letzt meint man: Deshalb braucht es jetzt auch noch einen Filter. So können sich Irrtümer akkumulieren.
Damit soll niemandem, der einen Quellstein, Wasserfall oder Bachlauf will, dieser Wunsch ausgeredet werden.
Doch zu starke Pumpen und Wasserspiele belasten den Teich. Deshalb sollte man schwache Pumpen verwenden und diese auch immer wieder ausschalten, wenn gerade kein aktueller Bedarf nach dem Plätschern herrscht.
Sehr günstig sind auch Solarpumpen: Da besteht (vorläufig) nicht die geringste Gefahr, dass sie zu wirksam werden. Ihre Aktivität bleibt auf das Schönwetter beschränkt.
Pumpen, die mehr als fünf Prozent der gesamten Wassermenge eines Teiches in 24 Stunden umwälzen, sind definitiv schädlich; erheblich weniger wäre besser. Aber wer Wasserspiele genießen will, tut dies ja ohnehin nicht rund um die Uhr.

Filter

Wie immer man die Notwendigkeit dazu für einen Schwimmteich sieht: Man kann Wasser auf sehr verschiedene Weisen filtern.
Die rein mechanische Klärung im Wasserlauf wurde vorhin erwähnt: Alle Schwebepartikel, die das Wasser mit sich führt, werden irgendwann in zu engen Durchlässen aufgehalten. Das kann man auch selber nachbauen, etwa in Schächten oder Röhren, darin die Körnung des Materials, welches das Fließen hemmt, immer feiner wird.
Bei sehr feiner Körnung – in einem kapillaren System – werden sich dort auch die mitgespülten Bakterien und Pilze ansiedeln, die in diesem Mikrobereich wirken. So entsteht statt des mechanischen Filters – oder in dessen Fortsetzung – ein biologischer; das wird auch in Kläranlagen verwendet. Hier muss der Durchfluss des Wassers naturgemäß ziemlich langsam sein.
Die meisten dieser Filtersysteme sind durch Patente geschützt; ein Überblick würde hier zu weit führen.
Der Reiz des so gefilterten Schwimmteichs liegt für viele darin, dass sie meinen auf diese Weise in einem „sauberen" Wasser zu schwimmen, das aus dem Filter kommt. Und bis zu einem gewissen Grad stimmt das auch: Es wird viel Sichtbares, das Trübungen im Wasser verursacht, entfernt.
Das heißt gleichzeitig auch: Es wird so viel Leben

Abb. 22 – Quellstein und kleiner Wasserfall

ständig aus dem Schwimmteich abgesaugt, dass dieser keinem natürlichen Weiher oder See mehr gleicht. Dennoch „lebt“ er weiter, mehr oder minder eingeschränkt.
Auch das ist eine perfekte Lösung für viele, die einerseits das naturhafte Aussehen ihres Teiches schätzen, sich darin aber doch fast wie in einem Swimmingpool fühlen wollen, wenn auch ohne Chlor.

Skimmer

Ein Skimmer saugt von der Wasseroberfläche, was immer sich darauf befindet: Badeöl, Blätter, ertrunkene Insekten, Laubblätter, Pollen ... Es kann vieles ins Wasser fallen.
Der Skimmer wurde für den Swimmingpool entwickelt. Dort treibt er mit dem Wind an jene Seite, wo sich auch alles andere ansammelt, und saugt es auf.
Für den Schwimmteich ist er auf den ersten Blick wenig geeignet. Denn der Wind würde ihn unweigerlich in die Pflanzenzone treiben – und dort kann er nur stören, eventuell auch Pflanzen beschädigen. Und was er aufsammeln sollte, triebe der Wind ohnehin ans Ufer weiter.
Im Schwimmteich sollte man also keinen Skimmer verwenden.
Doch eine einfache Oberflächenabsaugung ist möglich. Man muss sie nur fest installieren, zum Beispiel verborgen unter einem Podest. Dann wirkt sie an windstillen Tagen: Ihr Sog ist der einzig vorhandene und schön langsam wird er die Wasseroberfläche säubern.
Natürlich stört dies auch alles unsichtbare Leben an der Wasseroberfläche – aber eher geringfügig.

Wasserspiele

Abb. 23 – Besinnlich am fließenden Wasser sitzen

Abb. 24 – Der Teich wird von einem mehrstufigen Wasserfall gespeist

Abb. 25 – Detail zu Abb. 24

10. GESTALTUNG MIT HOLZ

Das natürliche Material Holz findet an Teichen besonders vielfältig Verwendung. Dabei wird nicht nur im Wasser, sondern meistens auch außerhalb Lärche bevorzugt, der hohen Haltbarkeit wegen; aber natürlich lassen sich auch andere Holzsorten verwenden.

Einstieg

Ob die Schwimmzone nun direkt am Teichrand beginnt oder vorher noch ein Streifen der Pflanzenzone überbrückt werden muss: Die Podeste oder Stege kann man gestalten, wie man will.
Beim Einstieg hingegen stehen prinzipiell nur zwei Möglichkeiten zur Auswahl. Entweder setzt man die Holztreppe am Grund der Schwimmzone auf die Folie auf, wobei diese selbstverständlich geschützt werden muss, oder man lässt sie frei schwebend im Wasser enden, etwa zwanzig oder dreißig Zentimeter über dem Grund. Das ist natürlich die sicherere Methode; allerdings muss man die Treppe oben am Podest sehr stabil verankern, damit sie nicht schwingt oder federt.
Bei sehr unregelmäßig geformten Teichen sowie auch bei solchen mit einem Bachlauf ist es oft verlockend eine Brücke zu bauen. Die berühmteste ist jene gewölbte, die Monet für seinen Seerosengarten nach japanischem Vorbild errichten ließ. Diese gerundete Form lebt in vielen kleineren Nachbildungen weiter, mit rustikaler bis eleganter Formgebung.

Abb. 26 – Der Steg führt über eine breite Pflanzenzone in den Schwimmbereich; im Hintergrund ist ein Podest mit einem zweiten Einstieg

Abb. 27 – Hier ist der Einstieg bereits romantisch verwachsen

Abb. 28 – Auch ohne Einstieg können Podeste sehr wirkungsvoll sein

Abb. 29 – Durch das in die Pflanzenzone hineingebaute Podest sitzt man nach allen Seiten näher am Wasser

Abb. 30 – Die Trennung zwischen Pflanzen- und Schwimmbereich ist durch einen Steg verdeckt

Abb. 31 – Zwischen Steinen und verwachsen – ein romantischer Abschnitt des Teiches

Abb. 32 – Monets japanische Brücke auf Tirolerisch

Abb. 33 – Die Brücke wirkt in die Landschaft eingefügt

11. GESTALTUNG MIT STEINEN

Wenn der Einstieg aus Ziegeln oder Steinen besteht, muss über der – entsprechend geschützten – Folie gemauert werden. Das ist aufwändiger, ergibt aber oft einen bequemeren Zugang zum Wasser als eine – fast immer – steilere Holztreppe.

Von der Verwendung von Natursteinen, um damit den gesamten Wall abzudecken, war schon weiter vorne die Rede. Das ist übrigens auch beim Teich des unten auf dieser Seite gezeigten Eingangs gemacht worden – der Besitzer baute in monatelanger Arbeit alles selbst (siehe auch Seite 90). Bevor das Wasser eingelassen wurde, sah sein Teich wie eine versenkte Ritterburg aus.

Öfter als für Aufbauten im Teich werden Steine jedoch als bloße Gestaltungselemente verwendet, zumeist am Ufer oder im flachen Wasser. Viele betrachten Wasser und Stein als zusammengehörig, vielleicht in Erinnerung an Gebirgsseen. Jedenfalls sind beim Einsatz von Felsbrocken oder Rundlingen der Phantasie keine Grenzen gesetzt.

Manchmal allerdings können Steine auch aus der Verlegenheit helfen: wenn nämlich ein Abschnitt der Uferzone ständig zu sehr beschattet ist, als dass sich Wasserpflanzen dort wohl fühlen könnten. Dann gestaltet man eben ein Stückchen Steinlandschaft, die später vermoosen wird.

Abb. 34 – Steintreppe in Kombination mit einem Holzrahmen

Abb. 35 – Der gemauerte Eingang ist groß und flach gehalten, um im Wasser auch sitzen zu können

Abb. 36, gegenüberliegende Seite – Neben so wuchtigen Steinen wirken selbst große Wasserpflanzen besonders zart

Abb. 37 – Auch Ziegel können verwendet werden, um Abtrennungen einen dekorativen Reiz zu geben

Abb. 38 – Steine tragen auch dazu bei, die Formen unregelmäßiger erscheinen zu lassen

Abb. 39 – Hier bestimmten die Besitzer nach Feng-Shui-Intuition ganz genau, wie die Steine positioniert werden sollten

Abb. 40 – Die Pflanzenzone wird unterbrochen, um über die Steine bis zum tieferen Wasser des Schwimmbereichs gehen zu können

Abb. 41 – Hier werden die Steinbrocken schon zu Monumenten, die den Besitzer – nahe bei Wien – an seine Heimat Tirol erinnern

12. SCHWIMMGENUSS

Wenn einem das Schwimmen nicht doch das Wichtigste wäre, würde man ein Biotop errichten – oder einen Seerosenteich. Das wäre, in der Größe eines Schwimmteichs, vielleicht noch schöner.
Aber die meisten von uns schwimmen eben sehr gerne; manchen geht's auch nur ums Tümpeln, ums erfrischende Eintauchen im Wasser an heißen Tagen. Was der eigene Schwimmteich dazu bietet, ist vorerst einmal – seine Privatheit. Im Vergleich zu einem öffentlichen Bad wirkt das Schwimmen zu Hause geradezu intim. Vielleicht ist er auch genug abgedeckt, sodass man nackt ins Wasser gehen kann. Jedenfalls steht er immer zur Verfügung. Die einen wollen einen Sommertag zeitig mit einem Schwumm beginnen, ehe sie in oder an die Arbeit gehen; andere (oder dieselben?) den Abend so beenden: noch einmal unterm Sternenhimmel schwimmen, bevor man zu Bett geht.
Das sind Möglichkeiten, die sonst nur Menschen haben, die direkt an einem See leben.
Die sportlichen Schwimmer meinen vielleicht, die Schwimmzone wäre ihnen auf jeden Fall zu klein. Doch wer in einem rund zweihundert Quadratmeter großen Schwimmteich den Wall entlang schwimmt, legt pro Runde gut dreißig Meter zurück. Mit dreimal elf Runden am Tag hat er schon rund einen Kilometer im Wasser zurückgelegt. Was sich allemal steigern lässt.
Übrigens finden es viele auch schön bei Regen zu schwimmen. Die Stimmungen am Teich sind bei jeder Wetterlage anders und auch das wird mancher schwimmend genießen. Man geht also häufiger baden, als einem sonst – ohne Schwimmteich – der Gedanke dazu käme. Und wie es bei allen Annehmlichkeiten halt so ist: Man gewöhnt sich teuflisch schnell daran und möchte es nicht mehr missen.
Als wir letzten Sommer alle ehemaligen Kunden – über Tage verteilt – in unseren Weinkeller luden (und es kamen wirklich fast alle), stellten wir schnell fest, dass man durch die Errichtung von Schwimmteichen – wie durch kaum eine andere Tätigkeit – fast ausschließlich Zufriedenheit, wenn nicht Glück auslöst. Außer bei der Tourismusbranche. Denn fast alle berichteten uns, dass sie, seit sie an ihrem Schwimmteich lebten, ihre Urlaube zu Hause verbrachten. Sie waren fast ausnahmslos überzeugt, nir-

Abb. 42 – Wie sehr die Kinder den häuslichen Schwimmteich genießen, sieht man ihnen an

Abb. 43 – Das alles hat einer für sich allein

Abb. 44 – Die ungestörte Wassernixe in nichts als umgebender Schönheit

Abb. 45 – Der große Teich einer großen Familie

gends mehr – auch für sehr viel Geld – so viel Wohlbehagen geboten zu bekommen. Das eigene Haus am eigenen Teich erschien ihnen in dieser Beziehung unschlagbar.
Einen Teich von außen hat schon bald einmal wer gesehen; und im Allgemeinen wohl schön gefunden. Ganz andere Perspektiven aber ergeben sich aus dem Wasser: geistige, sinnliche und optische.
Wenn Schilf und höhere Seggen den Teich weitgehend umgeben, sieht man kaum darüber: Sie schließen für den Schwimmer viel Umwelt aus. Dadurch wird der Teich zu seiner wesentlichsten Welt und in dieser ist er – falls er allein schwimmt – auf sich zurückverwiesen. In der bereits erwähnten Intimität. Und im Wohlgefühl allein mit sich: Das bringt harmonische Gedanken oder Stimmungen, von denen man in der Welt außerhalb des Teiches viel seltener verwöhnt wird.
Zugleich ist da das sinnliche Behagen: Dieses natürliche Wasser ist anders auf der Haut, fast umschmeichelnd. (Die Aggressivität von Chlor wird zu einer fernen, unverständlichen Erinnerung.) Und dazu kommt der Geruch: fast nicht feststellbar und doch für jeden, der früher gern in Seen schwamm, tief vertraut – etwas leicht Erdiges. Oder schlicht: der Duft der Natur.
Zugleich sieht man, am Wall entlang schwimmend, ständig die Pflanzen: aus einer früher völlig ungewohnten Nähe – auf derselben Ebene, gleichsam Auge in Auge. Man gehört dann viel mehr zu ihrer Welt, als wenn man von der Terrasse auf den Teich hinunterschaut. Man lebt im selben Element.

Abb. 46 – Man kann schwimmend genauso gut plaudern wie meditieren

Abb. 47 – Ansichten eines Schwimmers

Abb. 48 – Auf die Seerosen zuschwimmend, an denen man gleich riechen wird – N. odorata rosea gehört zu den berückendsten Parfums der Welt

Zweiter Teil

DIE VIELFALT

1. KLEINE TEICHE

Teiche um hundert Quadratmeter macht man im Allgemeinen, weil nicht mehr Platz vorhanden ist. Da ist es dann oft schwierig genügend Abstand für die – des Neigungswinkels wegen – notwendige Entfernung zwischen Wall und Ufer zu finden, ohne dass die Schwimmzone allzu beschränkt wird. Wenn es anders gar nicht geht, muss man den Teich an ein oder zwei Seiten ganz ohne Pflanzenbereich gestalten und dort die sichtbar aus dem Wasser kommende Folie eventuell durch überragende Podeste am Ufer abdecken. Das ist weiter kein Schaden, wenn dafür die verbleibende Pflanzenzone dicht besetzt wird. Natürlich sind kleine Teiche nicht für intensiv badende Großfamilien geeignet. Bei geringerer Benützung spricht allerdings gar nichts dagegen, den Teich – auch ohne Platzmangel – so klein zu halten. Zwei oder drei Personen können ihn völlig uneingeschränkt genießen.

Abb. 49 – Der Einstieg führt direkt in die – über 3 m tiefe – Schwimmzone, doch überall sonst ist der Teich von einem dicht besetzten Pflanzenbereich umgeben

Abb. 50 – Derselbe Teich, von der Terrasse des Hauses aus gesehen; es blieb fast kein Garten mehr übrig

Abb. 51 – Eine sehr schöne Lösung, wo offensichtlich mehr nicht benötigt wird

Abb. 52 – Dieser Teich fügt sich harmonisch zu dem schönen Bauernhaus

Abb. 53 – Auch hier blieb vom Garten wenig – noch ist dieser Teich jung, doch bald schon wird er von dichtem Pflanzenbewuchs umsäumt sein

Abb. 54 – Stark verwachsen, sieht ein kleiner Teich schnell wie ein natürlicher Weiher aus

Abb. 55 – Hier ist es vor allem die klare Struktur, die dem Teich seinen Reiz verleiht

Abb. 56 – Die dichten, hohen Pflanzen rundum verstärken die Intimität des Schwimmbereichs

Abb. 57, gegenüberliegende Seite – Wenn ein „kleiner Teich“ schon etwas größer wird …

Abb. 58 – N. Madame Laydeker, für relativ kleine und seichte Teiche gut geeignet

2. WOHNEN AM TEICH

Wie individuell die jeweilige Lösung für den Schwimmteich ist, erweist sich im Verhältnis zum benachbarten Haus. Dieses und der Teich beeinflussen einander recht stark in ihrer Wirkung, meist zum gegenseitigen Vorteil. Dabei spielt nicht nur die Bauweise beider eine Rolle, sondern auch Nähe oder Entfernung; und ebenso, ob es sich um ein dicht verbautes Gebiet oder eher ein freies Gelände handelt und vieles mehr.
So wird jede Lösung einen anderen Eindruck erzeugen.

Abb. 59 – Mitten unter höheren Häusern wirkt ein gewissermaßen urbanisierter Teich passender als eine hier kaum glaubwürdige Wildlandschaft

Abb. 60 – Wem fehlt hier noch Rasen?

Abb. 61 – Ein Teich im ländlichen Bereich; die geschützte Lage innerhalb von Höfen ist besonders ideal, sowohl für die Intimität der Schwimmer wie auch für das Gedeihen der Wasserpflanzen

Abb. 62 – Hier profitiert der Wintergarten von der gespiegelten Sonnenstrahlung aus dem Teich; zugleich kann man von dort aus den Teich bei jedem Wetter genießen

Abb. 63 – Beim Hausbau war noch kein Teich vorgesehen gewesen; und dieser fand später auf der Seite der großen Veranda keinen Platz. Aber eine eigene Terrasse, auf der man am Wasser sitzen kann, schuf doch die Verbindung

Abb. 64 – Das Haus ist mit großen Glasfronten ganz zum Teich hin geöffnet

Abb. 65 – Eine innige Einheit von Garten, Teich und Wohnhaus

Abb. 66 – Wenige Monate vor diesem Foto war an Stelle des Teichs noch gleichmäßiger Rasen

Abb. 67 – Der Reiz der Spiegelungen lässt auch mit der Gewöhnung daran kaum nach

Abb. 68 – N. Yellow Sensation, die größte gelbe Seerose – eine amerikanische Neuzüchtung

Abb. 69 – Die beiden Terrassen verbinden den Schwimmteich und den Wohnbereich besonders eng

Abb. 70 – So sieht die „versenkte Burg" (siehe Seite 54) heute aus

Abb. 71 – Hier hat man fast den Eindruck, dass das Wohnzimmer direkt in den Teich übergeht

Abb. 72 – Eine einheitlich parkähnliche Stimmung, in der auch alle Größenverhältnisse passen

Abb. 73 – Eine deutliche Trennung – ein Sitzbereich gehört zum Haus, der andere zum Teich

Abb. 74 – Neben so massiven Häusern spielt auch die Weite der Wasserfläche eine Rolle, um zur günstigsten Wirkung zu gelangen

Abb. 75 – Die Vegetation von Teich und Garten scheint völlig ineinander überzugehen

Abb. 76 – N. Vesuv, eine Züchtung von Joseph Latour-Marliac

Abb. 77 – Abgeschirmte Idylle im ummauerten Hinterhof eines renovierten Bauernhauses

Abb. 78 – In verbautem Gebiet ist die Wirkung von Seerosen viel verblüffender

3. AM WASSER SITZEN

Abb. 79 – Tisch und Bank auf einem Podest zwischen hohem Schilf

Sei es die Ruhe, die von der glatten Wasseroberfläche ausgeht, sei es die Schönheit der blühenden Wasserpflanzen oder das Beobachten badender Vögel: Am Teich gibt es viele Gründe sich Zeit zu nehmen und hinzusetzen. Das muss nicht nur auf der Terrasse eines Hauses sein; man kann auch an einer andern Stelle des Teichs einen Platz am Ufer vorsehen und vielleicht besonders romantisch gestalten.

Abb. 80 – Der Sitzplatz in Kombination mit einem Badehäuschen

Abb. 81 – Liegestühle auf dem Podest – und schon spürt man den Genuss der Ruhe

Abb. 82 – Auch auf Steinen kann man am Ufer sitzen – wenn einem der Tisch zu weit entfernt ist

Abb. 83 – Liegebett mit Sonnenschirm

Abb. 84 – Der Platz in der Abendsonne

Abb. 85 – Vom Sitzplatz aus den Teich überblicken

Abb. 86 – Eine sehr große Terrasse

Abb. 87 – Das geschützte Plätzchen ganz hinten

Abb. 88 – Eine neue, noch namenlose Seerose

Abb. 89 – Am neuen Teich

4. TEICH UND ARCHITEKTUR

Abb. 90 – Hier wurden Haus und Teich gemeinsam geplant – die Besitzer sind Architekten

Der starke Akzent, den moderne Architektur oft setzt, wird zumeist durch einen Teich noch mehr betont. Dabei kann der Schwimmteich in die Struktur einbezogen sein oder auch nicht – beides ist reizvoll. Alleine durch die Wasserpflanzen wird wieder ein Gegensatz zu dem geschaffen, was der Architekt geleistet hat. Und nichts belebt ein Gesamtbild so sehr wie beziehungsreiche Spannungen.

Abb. 91 – Harmonie in Grün, von den Pflanzen bis zum Wintergarten

Abb. 92 – Haus und Teich sind gänzlich getrennt, ein spannungsvoller Gegensatz zwischen Seerosen und Architektur

Abb. 93 – N. Rembrandt von Marliac – die vom holländischen Pflanzenvertrieb im Allgemeinen als Hollandia angeboten wird. Diese großblütige Seerose eignet sich vor allem fürs tiefe Wasser

Abb. 94 – Dieser Teich bildet – von links nach rechts – einen harmonischen Übergang von Architektur zu Natur

Abb. 95 – Die auch im Teich vorherrschenden klaren Linien sind der Architektur verpflichtet; konsequenterweise liegt die Pflanzenzone auf der dem Haus gegenüberliegenden Seite

Abb. 96 – Hier wirkt das Haus geradezu emblematisch, der Schwimmteich hingegen sehr zurückhaltend. Doch neben der Terrasse reicht er fast ans Fenster und ist also – vom Haus her gesehen – in bestimmender Nähe. Da sind auch die scharfen Konturen des Teichs der Architektur angepasst, die Pflanzenzone liegt gegenüber – gewissermaßen in angemessener Distanz

5. SCHWIMMEN AM WOCHENENDE

Nicht wenige Städter haben irgendwo draußen am Land einen Garten, wo sie Blumen, Gemüse oder Obst ziehen; oder alles zusammen. Die Idee ein Grundstück außerhalb der Stadt vor allem für einen Schwimmteich zu nutzen ist noch weniger verbreitet. Aber wenn jemand – oder eine Familie – ohnehin häufig Badeausflüge macht: Dann ist die Anlage eines eigenen Badeteichs recht verlockend. Dort trifft man nicht mit denselben Massen ein, die auch einen Großteil des Lebens in der Stadt bestimmen, sondern genießt völlige Zurückgezogenheit in einem kleinen, selbst gestalteten Paradies.

Abb. 97 – Insel nicht als Festland im Meer, sondern als Wasserlandschaft in der Natur

Abb. 98 – Hier ist alles gegeben, was man zu einem Badeausflug braucht

Abb. 99 – Früher nannte man so luftige kleine Gebäude „Gartenlaube“, später „Lusthaus“. Das Bild macht jedenfalls klar, dass hier nichts näher liegt als Lust

Abb. 100 – Auch hier: Ansichten eines Schwimmers. Im Vordergrund die weiße N. Hermine, dahinter N. Conqueror, beide von Marliac gezüchtet

Abb. 101 – Nichts als tiefste Abgeschiedenheit

Abb. 102 – Ein gerade entstehender und noch nicht bepflanzter Teich in einsamer Waldlage

Abb. 103 – Diese Anlage ist groß und liegt nur knapp außerhalb des Ortes – die herrliche Weitläufigkeit garantiert dennoch jede Privatheit

Abb. 104 – Trotz Hanglage ein nicht kleiner Teich. Hier wird es möglich, das Wandern in den Bergen mit den Freuden des Schwimmens zu verbinden

6. GROSSE TEICHE UND ÖFFENTLICHE ANLAGEN

Je größer ein Teich ist, umso verlässlicher wird auch die Stabilität seiner Selbstorganisation. Das sollte jeder bedenken, der genug Platz hat. Und natürlich sind große Wasserflächen mit sehr breiten Pflanzenzonen auch schöner.

Dennoch bleiben große Teiche im Privatbereich eher selten.

Dafür gab es in den letzten Jahren eine starke Zunahme so genannter halb öffentlicher Bäder, etwa für Hotels. Das hat eine Reihe von Gründen: Bioteiche sind nicht nur bei der Herstellung, sondern auch im Betrieb billiger; sie lassen sich, innerhalb der Gesamtanlage des Gartens oder Parks, sehr viel reizvoller gestalten als Swimmingpools; und nicht zuletzt zieht ein immer größerer Teil des Publikums natürliches Wasser vor, das keinerlei Reizungen der Haut verursacht.

Ähnlich sieht die Lage für öffentliche Bäder aus – wobei für viele „Gemeindeväter“ das pekuniäre Argument wichtiger ist als das biologische. So ist vor allem die Umgestaltung eines renovierungsbedürftigen Bades in einen Bioteich erheblich billiger als die Wiederherstellung der alten Anlage, die bei dieser Gelegenheit obendrein noch vergrößert werden kann. Und dazu kommt die große Akzeptanz durch die Badenden, die eine solche Anlage bei weitem schöner und befriedigender empfinden als die vordem kahlen Becken.

Die bisherigen Erfahrungen – und noch mehr als das: exakte Messwerte alle vierzehn Tage – haben gezeigt, dass die Qualität des Wassers hervorragend blieb. Neben allen Klärungen durch biologische Methoden und Filter braucht es nur noch die Voraussetzung, dass man die Anlage richtig dimensioniert, also für den Durchschnitt der erwarteten Badenden pro Gast rund dreißig Kubikmeter Wasser zur Verfügung stellt.

Hier ist gerade jetzt eine Entwicklung im Gang, die wohl erst zeigen wird, ob der (oder die) Gesetzgeber mit einer funktionierenden und von vielen gewünschten Innovation Schritt halten können oder sie mit konservativen Restriktionen behindern werden.

Abb. 105 – Schloss Kaps, eine prächtige Großanlage

Abb. 106 – Ein rund 300 m² großer Teich – als gehörte er schon immer hier her. Er befindet sich im hinteren Gartenbereich einer Biedermeier-Villa in Wien-Grinzing

Abb. 107 – Der 600 m² große Schwimmteich des Teichbauers Richard Weixler. Hier ist die Schwimmzone fast zur Gänze von einem dichten Gürtel von Seerosen umgeben

Abb. 108 – Dieser wunderbar in die Landschaft eingefügte Teich ist 350 m² groß

Abb. 109 – Derselbe Teich aus einer andern Perspektive. Man sieht deutlich den großzügig angelegten Einstieg in eine Flachwasserzone für Kinder; dahinter der Schwimmbereich

Abb. 110 – Ein sehr großer halb öffentlicher Teich – zugleich eine Wasser- und Erlebnislandschaft

Abb. 111 – Detail aus demselben Teich

Abb. 112 – Der erste öffentliche Schwimmteich Österreichs, errichtet 1991. Dabei wurde ein vorhandenes Schwimmbecken entsprechend umgestaltet

Abb. 113 – Das öffentliche Schwimmbad in Gloggnitz, Niederösterreich

7. STIMMUNGEN AM WASSER

Sehr viele Aspekte eines Teichs lassen sich logisch bedenken, was vor allem bei der Planung durchaus nützlich ist.

Viel schwerer voraussagbar ist – im Stadium des Projektierens – die zukünftige emotionelle Betroffenheit. Sie aber wird im Zusammenleben mit einer Wasserlandschaft – für viele – zu einem bestimmenden Faktor. Dann spielen auch Planungsfehler eine geringere Rolle als die Liebe zu gewissen Plätzen, zu einem besonderen Licht oder seltsamen Stimmungen.

Das Wort „Schwimmteich" klingt sehr pragmatisch; in Wahrheit handelt es sich um eine Fülle von Erlebnismöglichkeiten.

Abb. 114 – Eine zauberhafte Verlockung sich am Wasser aufzuhalten

Abb. 115 – Der Himmel im Teich

Abb. 116 – Der Dunst überm Wasser macht alle Konturen weich

Abb. 117 – Harmonische Kontraste

Abb. 118 – Die Schattenlandschaft, hell durchspiegelt

Abb. 119 – Herbstfarben im Wasser

Abb. 120 – Ruhe in der Abendsonne

Abb. 121 – Nochmals Himmel – wie groß er in einem Teich werden kann

Abb. 122 – Nichts als Blüten und Wasser in stiller Abgeschiedenheit

Abb. 123, gegenüberliegende Seite – Üppigkeit und Sommerhitze

Abb. 124 – N. Rosanna, nach Regen in der Sonne

Abb. 125 – Dass Nymphen über Teiche wachen, ist seit der Antike selbstverständlich

Dritter Teil

DIE PFLANZEN

1. KLÄRPFLANZEN

In unserem Buch *Der Schwimmteich im Garten* (Orac 1997) haben wir alle wichtigen Pflanzen in und um den Schwimmteich detailliert in Wort und Bild beschrieben. Da sie zum Wichtigsten jedes Schwimmteichs gehören, wollen wir aber auch hier einen kurzen Überblick über die Funktion und Bedeutung der wesentlichsten Schwimmteichpflanzen bringen.
Jede Pflanze, die unter Wasser Sauerstoff produziert, trägt – indirekt – zur Klärung des Wassers bei.
Jede Pflanze, welche die im Wasser gelösten Nährstoffe absorbiert, entzieht diese in großem Maßstab den einzelligen Algen. So verhindert sie ganz direkt eine Trübung des Wassers durch die winzige – und unterliegende – Konkurrenz.

Filtrierer

Am wirkungsvollsten sind Spezialisten.
Mit sehr durchlässigen Membranen und teilweise sogar eigenen „Ionenfängern" ausgestattet, entziehen die Blätter der meisten größeren Unterwasserpflanzen ihre notwendigen Nährstoffe recht einfach und wirkungsvoll dem Wasser. Damit sind sie schlechthin „moderner" und besser ausgestattet als die relativ „altmodischen" einzelligen Algen, die viel mehr Nährstoffe im Wasser brauchen, um sich hinreichend versorgen und vermehren zu können. Deshalb auch betrachtet man diese Algen als „Anzeiger" für eutrophes – zu nährstoffreiches – Wasser; sie brauchen es schlicht.
Die Ionenfallen hingegen fangen auch noch spärlichst vorhandene Mineralstoffe; und über sämtliche Membranen – zumeist – aller Blattunterflächen werden ständig weitere Nährstoffe aus dem Wasser gefiltert. Das ist enorm effektiv. Dazu kommt die Fähigkeit bei Bedarf jederzeit CO_2 aus dem in kalkhältigem Wasser reichlich vorhandenen Kalziumbikarbonat abzuspalten. Deshalb sind die Blattunterseiten mancher Laichkräuter geradezu verkrustet vom dabei übrig gebliebenen Kalk (Kalziumkarbonat). Das sieht eher schmutzig aus, sollte den Teichbesitzer aber freuen, denn so verschaffen ihm die Unterwasserpflanzen ein nicht nur klareres, sondern auch weicheres Wasser.

Die mächtigste und wohl auch wirkungsvollste Pflanze dieser Familie ist das Glänzende Laichkraut *(Potamogeton lucens)*, das schon im Zusammenhang mit dem Klärloch erwähnt wurde. Es kann aus mehreren Metern Tiefe bis an die Oberfläche emporwachsen und blüht eher unscheinbar in der Form von emporgereckten, grünlichen Kölbchen.
Für seichteres Wasser – aber immer noch von dreißig bis hundert Zentimeter Tiefe geeignet – empfiehlt sich auch das Krause Laichkraut *(Potamogeton crispus)*, dessen stark gewellte Blattränder der dicht büschelig wachsenden Pflanze ein reizvolles Aussehen verleihen. Allerdings wächst es nicht überall so zuverlässig – Halbschatten behagt ihm mehr als volle Sonne – und bildet sich oft schon mitten im Sommer zurück; d. h. es formt – ebenso wie eine Reihe weiterer Unterwasserpflanzen – am Ende der Triebe stark verhärtete Formen aus, die üblicherweise als „Winterknospen" (Hibernakel, Turionen) bezeichnet werden. Wenn sich die Pflanze dann auflöst, sinken diese verhärteten „Knospen" auf den Grund und überwintern dort; im Frühling treiben neue Pflanzen daraus hervor.
Ebenso gut wie *P. crispus* könnte man das Durchwachsene Laichkraut *(Potamogeton perfoliatus)* und das Dichte Laichkraut *(Potamogeton densus)* verwenden; von der Funktion her leisten alle das Gleiche.
Etwas anders verhält es sich beim Schwimmenden und beim Flutenden Laichkraut (*Potamogeton natans* bzw. *P. fluitans*). Man setzt beide hauptsächlich ihrer dichten Schwimmblätter wegen, die – länglich und oft ledrig grünbraun – das Wasser beschatten und damit kühlen. Doch auch diese Schwimmblätter nehmen an ihrer Unterseite Nährstoffe aus dem Wasser auf. Und nicht nur das: Bei ihrem Wachstum zur Wasseroberfläche hinauf – aus einer Tiefe von vierzig bis hundert Zentimetern – bilden sie auch andere Blätter aus. Bei *P. fluitans* sind dies Laubblätter, wie man sie von anderen Laichkräutern kennt, allerdings besonders dünn und mit einem Stich ins Bräunliche. Wenn sie im Sommer unter dem dichten Dach der Schwimmblätter kaum noch Licht bekommen, sterben sie ziemlich rasch ab. *P. natans* hingegen bildet schmale, lange Riemchen aus, die man kaum als Blätter erkennen würde, obwohl sie deren Funktion erfüllen. Sie sterben auch nicht ab, sondern filtern selbst bei wenig Licht weiterhin Nährstoffe aus dem Wasser; allerdings dürfte dann die Sauerstoffproduktion recht gering sein.
Die Laichkräuter verbreiten sich alle eher stark, und

zwar mehr über Ableger als über „Winterknospen". Dass die Wurzel als solche stark reduziert ist und hauptsächlich als Sprossachse zur Vermehrung dient, ist vielen Unterwasserpflanzen gemeinsam. Während bei Landpflanzen der gesamte Wasser- und Nährstofftransport von den Wurzeln ausgeht, fällt dies unter Wasser weitgehend aus. Die – oft kaum noch verzweigten – Wurzeln wachsen waagrecht als Sprossachsen dahin, aus denen – in eher kürzeren Abständen – eben ein Spross nach dem andern entspringt. Außerdem dienen sie der Pflanze zur Verankerung: ohne eine solche würden alle Unterwasserpflanzen an der Oberfläche aufschwimmen. Verankert hingegen, wie sie sind, nützt ihnen der Auftrieb ihre aufrechte bis ausgebreitete Form halten zu können, ohne dafür – wie die Landpflanzen – eigene Stützgewebe ausbilden zu müssen. Das ist auch der Grund für die extreme Brüchigkeit vieler Wasserpflanzen.
Doch diese Brüchigkeit nützen die meisten von ihnen aus. Jedes abgerissene Stückchen bildet, frei im Wasser treibend, schnell einige Würzelchen aus. Sowie sich eine Gelegenheit dazu findet, verankert es sich damit und eine neue Pflanze entsteht.
So kann auch das Klärloch nie ganz und schon gar nicht über Jahre hinweg verhindern, dass sich das Laichkraut oder das Tausendblatt in anderen Teilen des Teiches ansiedeln. Sei es beim Rückschnitt dieser Pflanzen – um mit der „Biomasse" den gebundenen Nährstoff zu entfernen –, sei es beim Abfischen von Fadenalgen: Es wird schnell einmal ein Stückchen abreißen und davonschwimmen.

Gerade das Tausendblatt ist auch ein Spezialist für unvermutbare Wanderschaften: Man staunt immer wieder darüber, wo es plötzlich auftaucht. Wer das Pflanzensetzen in einem Teich für etwas Ähnliches hält wie in einem Blumenbeet, wird sehr enttäuscht sein, dass die einmal vorgegebene Ordnung irgendwann fast nicht mehr erkennbar sein wird. Statt der alten Ordnung entstehen – im Laufe von Jahren – neue Unordnungen. Aber sie sind nicht additiv wie jedes Neben- und Hintereinander in Blumenrabatten, sondern entsprechen etwa jenem organischen Chaos, das manche Menschen um sich schaffen – und in dem sie alles finden, bis es irgendwer aufräumt.
Von der Nützlichkeit her ist das Tausendblatt in einem Teich nicht leicht zu entbehren, nämlich vor allem *Myriophyllum spicatum*. Der Grund, warum das Ährige Tausendblatt dem *Myriophyllum verticillatum* vorzuziehen ist, liegt ausschließlich darin, dass es kalkhaltiges Wasser braucht und auch auszunützen weiß, während der ganz nahe und ähnliche Verwandte auf kalkarmes und leicht saures Wasser spezialisiert ist: Und das sollte es mit gutem Recht im Schwimmteich nicht geben.
Auch *Myriophyllum spicatum* kann aus zwei Metern oder noch größerer Tiefe emporwachsen und dichte Bestände bilden. Die quirlig gefiederten Triebe und die kleinen, rosa-violetten Blütenstände über dem Wasser wirken durchaus hübsch; und an Wirksamkeit für den Nährstoffentzug aus dem Wasser reicht es durchaus an das Glänzende Laichkraut heran. Allerdings ist es manchmal mit den Fadenalgen geradezu verfilzt. Das hängt mit einem seiner wesentlichsten – bereits erwähnten – Vorteile zusammen: Es verschwindet im Winter nicht gänzlich, sondern treibt immer wieder frisch nach; da aber ein Großteil daneben abstirbt, wird der vordem gebundene Nährstoff wieder frei – und eben auch von den Fadenalgen benützt. Aber beide produzieren dabei Sauerstoff, der dem Zooplankton bereits zur Verfügung steht, wenn im Frühling die ersten einzelligen Algen ihre Chance zu ergreifen versuchen.
Das *Myriophyllum* hat etwas dichtere Wurzelbärte als die Laichkräuter, kommt aber ebenfalls mit extrem wenig Substrat aus: Manchmal reichen zwei oder drei Millimeter Mulm, die irgendwo auf der Folie oder an einem Holzrahmen abgelagert sind. Natürlich wächst es umso üppiger an Natursteinmauern, deren Vorsprünge und Spalten solche Ablagerungen besonders begünstigen (was, von der Ästhetik abgesehen, ein eindeutiger Nachteil gegenüber glatten Folienwänden ist).

Eine besonders beliebte Pflanze, nämlich der Tannenwedel *(Hippuris vulgaris)*, zeigt recht deutlich, was die Wurzeln und in diesem Fall eindeutig: was die Sprossachsen im Vergleich zur Nährstoffaufnahme durch die Blätter leisten oder nicht.
Der Tannenwedel kann im Tiefen – zwei Meter oder mehr – existieren: Dann sind sowohl der Stamm als auch die – tannennadelartigen – Blätter völlig weich und hellgrün. Beide filtern Nährstoff aus dem Wasser. Sitzt die Pflanze seichter – fünfzig Zentimeter oder weniger –, dann kann diese weiche Wachstumsform die Oberfläche erreichen und ändert sich dort komplett: Mit versteiftem Stiel und „Nadeln" (Blättern) wächst der Tannenwedel kerzengerade und dunkelgrün aus dem Wasser. Dunkelgrün heißt auch: Dort assimiliert er mehr, die Fotosynthese wird intensiver.
Alle bisher beschriebenen Pflanzen sind europäische oder sogar kosmopolitische Wildpflanzen (zumindest der nördlichen Hemisphäre). Und an den natürlichen Standorten können, je nach Jahreszeit und Witterung, die Unterschiede des Wasserstands sehr groß sein. Eine Pflanze kann, je nachdem, sich etwa

zwei Meter unter der Wasseroberfläche befinden oder im Freien außerhalb des Wassers. Beim Tannenwedel heißt dies, dass er, außerhalb des Wassers, auch nur in seiner versteiften, aufrechten und dunkelgrünen Form wachsen kann.
Dann aber ist er, was die Versorgung mit Wasser und Nährstoff betrifft, wie eine Landpflanze ausschließlich von den Wurzeln abhängig. Und es zeigt sich, dass er's kann – dass diese Sprossachsen auch dazu in der Lage sind. Allerdings braucht es dann ein weiches, tiefgründiges und fruchtbares Substrat.
Wenn man nun im Schwimmteich den Tannenwedel relativ seicht setzt – dreißig Zentimeter oder weniger –, um seine dekorative und namengebende Form außerhalb der Wasseroberfläche da und dort einzusetzen, wird er im armen Teichsubstrat kaum genügend Nahrung vorfinden. Eventuell verharrt er dann auch im Seichten zwei oder drei Jahre lang in seiner weichen Unterwasserform, um sich – über die Blätter oder „Nadeln" – am Leben zu erhalten. Das ist gut so. In dieser Zeit leistet er eine wesentliche Aufgabe; zur dekorativen ist er erst im Stande, wenn ihm weicher Mulm mehr Nährstoffe liefert.

Der Wasserhahnenfuß *(Ranunculus aquatilis)* ist sicherlich die schönste der „Klärpflanzen". Am wohlsten fühlt er sich in vierzig bis sechzig Zentimeter Tiefe; und bildet dort Polster von feinst zerfiederten Blättern. Diese Zerfiederung ist nützlich, da das höhere Blatt den tieferen nicht zu viel Licht für die Fotosynthese abdeckt. Denn alle Fiederchen wollen Sauerstoff produzieren; und filtern Nährstoffe aus dem Wasser.
Besonders wichtig dabei ist, dass sie schon sehr zeitig im Frühling damit beginnen – während sich sonst im Teich noch wenig regt. Und so gehören sie zu den ersten, die dann mit äußerst hübschen Blütchen erfreuen: Das kann schon Ende April der Fall sein, spätestens in der ersten Maihälfte. Wozu kommt, dass sie auch in anderthalb oder zwei Meter Tiefe sitzen können: Dann blühen sie um jene Wochen später, die vergehen, bis sie die Oberfläche erreichen.
Wenn sie dort einmal eingetroffen sind, machen sie kleine Schwimmblättchen, kaum größer als ein Daumennagel. Darauf folgt, immerhin über einige Wochen, ein intensives Blühen: Sie strecken schneeweiße, sehr empfindliche Blüten einige Zentimeter über die Oberfläche. Das wirkt, aus dem Tiefen kommend, unerhört schön und kann auch sehr dicht sein. Die danach wieder ins Wasser absinkenden Blütenblätter sind in ihrer Zartheit eine Lieblingsspeise der Wasserschnecken.
Mit den höheren Wassertemperaturen des beginnenden Frühsommers sinkt der Wasserhahnenfuß in sich zusammen, als stürbe er nun gänzlich ab; dabei wechselt auch das frische Grün der Fiederchen zu einem Graubraun. Abgestorben ist er nun aber keineswegs, sondern gleichsam erschöpft von seinem wichtigsten Geschäft: der Fortpflanzung. Und doch beginnt er, in scheinbarer Mickrigkeit, ein zweites Mal mit fast dem Gleichen. An jeder Verzweigung wachsen feine Würzelchen, die Pflanze zerfällt in ganz viele Lebenseinheiten, die einfach davonschwimmen und woanders ihr neues Dasein beginnen.
Im Schwimmteich können sie allerdings auch verschwinden: weil ihnen die einmal etablierten Pflanzen nicht genug Nährstoff zum Überleben lassen. Auch schottriges Milieu behagt ihnen gar nicht: Sie sind zu zart gebaut, um sich darin durchzusetzen.
Ähnlich hübsch und dicht gefiedert wie der Wasserhahnenfuß ist auch die Wasserfeder, *Hottonia palustris,* aus der Familie der Primeln; ihre höher aufragenden, blassvioletten Blüten sind vielleicht noch beeindruckender. Leider jedoch hält sie sich im Schwimmteich kaum, da sie ein eher saures Wasser bevorzugt und sich in kalkreichem rasch auflöst.

Dahingegen ist – ihrer unhöflichen Benennung durchaus entsprechend – die Wasserpest gar nicht zimperlich. Sie wuchert, wo immer man sie hinsetzt, oft sogar in einer nur wenige Millimeter hohen Ansammlung von Mulm auf der Folie. Auch das weist darauf hin, dass sie ihren Nährstoff fast ausschließlich mit den vielen kleinen Blättchen aus dem Wasser filtert – und daher überaus nützlich ist.
Am häufigsten wird die Kanadische Wasserpest, *Elodea canadensis,* verwendet. Sie bildet dichte Polster über dem Grund, wächst aber weder bis zur Wasseroberfläche empor noch in allzu seichte Bereiche hinein. Das scheint auch damit zusammenzuhängen, dass sie keine direkte Sonnenbestrahlung liebt; erst wo das Licht in der Tiefe ohnehin nur noch gedämpft eintrifft – oder unter der Beschattung durch Schwimmblätter – fühlt sie sich wirklich wohl. Damit sind ihrem Ausbreitungsdrang doch Grenzen gesetzt. Man kann sie etwa gut unter Seerosen setzen, wo sie – gewissermaßen im Verborgenen – ihren Nutzen entfaltet. Zu diesem gehört auch, dass sie im Winter nie ganz abstirbt, sondern immer wieder auch frische Triebe hervorbringt. So sorgt sie unterm Eis und natürlich gleich zu Frühlingsbeginn für Sauerstoff im Wasser.
Die Argentinische Wasserpest, *Elodea densa,* ist größer und sieht mit ihren langen, dicht von Blattquirlen umgebenen Trieben recht kurios aus. Aus diesen wachsen später Seitentriebe, die sich nach ei-

ner gewissen Zeit – oder schon bei leichter Berührung – lösen und dann erstaunlicherweise nicht aufsteigen, sondern dahintreibend absinken. Ein feines weißes Wurzelfädchen, das an beliebiger Stelle zwischen den Blättern erscheinen kann, reicht zur neuerlichen Verankerung. Das heißt natürlich auch, dass sie nicht standorttreu gehalten werden kann. Aber eine Einschränkung kennt sie doch: Es behagt ihr nur in dreißig bis fünfzig Zentimeter Tiefe. Und sie ist, wo auch immer, wieder leicht zu entfernen.
Und das bleibt bei allen Unterwasserpflanzen wichtig: dass man erstens ihr Wuchern nützt, da es dem Wasser Nährstoffe entzieht; und dass man sie zweitens, wenn es zu viele werden, mehr oder minder stark reduziert, sodass diese Nährstoffe dem biologischen Kreislauf des Teichs entzogen werden.
Es handelt sich kaum um die schönsten und spektakulärsten Pflanzen im Teich, aber ganz gewiss um die nützlichsten.

Frei schwimmende Pflanzen

Pflanzen, die sich gar nicht verwurzeln, sondern die einfach auf der Wasseroberfläche herumtreiben, können sich selbstverständlich nur aus dem Wasser mit Nährstoffen versorgen. Deshalb müssten sie theoretisch die besten Klärpflanzen sein.
Wenn man dabei nun etwa an die Wasserlinsen denkt, wird jedoch ein Problem gleich deutlich: Diese sind eher winzige Pflanzen. Man müsste viele Tausende davon haben, um die Wirkung eines einzigen Glänzenden Laichkrauts zu ersetzen. Aber wer will das schon? Noch dazu, wenn man aus der Natur die so genannte „Entengrütze" kennt – wo das Wasser gleichmäßig grün von Linsen überzogen ist.
Aber keine Angst: Dergleichen könnte in einem Schwimmteich gar nicht passieren. Die verschiedenen Wasserlinsen (von *Lemna minor* bis *Spirodela polyrhiza*) lieben den nährstoffarmen Schwimmteich nicht. Sie sind zwar dem Leben im Wasser extrem gut angepasst, aber nicht als Ernährungsspezialisten: Sie brauchen eher Überfütterung. Und was wie frei ins Wasser hängende Würzelchen aussieht, sind nur Stabilisierungsorgane: Damit ihre Blattunterseite auch wirklich nach unten schaut. Bloß mit dieser können sie die notwendigen Stoffe aufnehmen, und das eher noch schlechter als die einzelligen Algen. Als Versuch haben wir sie auf verdünnter Gülle gezogen: Und erst da kam es zu einer Bevölkerungsexplosion. „Entengrütze" bedeutet also eher extrem eutrophes, überdüngtes Wasser. Im Schwimmteich überleben immer nur wenige, die man vielleicht im Frühling und Herbst sieht, aber kaum im Sommer.

Denn außer günstigen Nährstoffverhältnissen bevorzugen sie auch noch kühleres Wasser und wenig direkte Sonnenbestrahlung.

Der Froschbiss – *Hydrocharis morsus-ranae* – kann sich in geschützten Buchten des Schwimmteichs durchaus vermehren. Seine Blätter – wie Miniaturausgaben von Seerosenblättern – sind recht niedlich, die weißlichen Blüten noch mehr. (Die Form der Blüte mit drei Blütenblättern weist ziemlich deutlich auf die Verwandtschaft mit den verschiedenen Froschlöffeln, dem Igelschlauch und der Krebsschere hin.) Somit handelt es sich um eine durchaus reizvolle Pflanze: aber auch sie ist noch so klein, dass selbst eine dichtere Population kaum eine größere Unterwasserpflanze ersetzen kann. Zudem neigt sie dazu, sich mit ihren frei hängenden Wurzeln in Ufernähe zu verankern; und zusätzlich auch noch über diese Wurzeln Nährstoffe zu beziehen.

Das gilt auch für die höchst dekorative Wassernuss, *Trapa natans,* mit ihrer langsam wachsenden Rosette von Blättchen. Unter dieser entstehen die – sehr zugespitzen – Nüsse, die auf den Boden sinken, wenn sich im Herbst die Pflanze weinrot verfärbt und auflöst. Beim Einsetzen des Wachstums im Frühling entstehen dort sowohl der Trieb, der zur Wasseroberfläche strebt, wie auch Wurzeln, die sich im Boden verankern. Frei ins Wasser hängende Wurzeln wachsen an diesem Trieb erst, wenn die Pflanze fertig ausgebildet ist; sie zehrt dann also auch aus dem Wasser. In der Folge kann man sie von den verankerten Wurzeln trennen und frei schwimmen lassen. Natürlich tut man dies nicht im Teich, sondern um sie in den Handel zu bringen. Das bekommt ihr nur in sehr warmem Wasser; andernfalls bildet sie keine fruchtbaren Nüsse aus. Der Versuch lohnt sich allemal; aber zur Wasserklärung wird *Trapa natans* eher eine untergeordnete Rolle spielen.

Vom Aussehen her ist die Krebsschere, *Stratiotes aloides,* mindestens ebenso reizvoll. Obwohl sie eine uralte, einheimische Pflanze ist, deutet der Beiname *aloides* auf den exotischen Eindruck einer Aloe hin. Tatsächlich sieht sie so ähnlich aus, treibt – halb untergetaucht – an der Oberfläche dahin und blüht in der Mitte der gesägten Blätter über Wochen. Im Herbst sterben viele der Blätter ab, ein sozusagen harter Kern davon sinkt auf den Grund und überwintert dort. Beim wieder einsetzenden Wachstum im Frühling steigt sie abermals an die Oberfläche empor; oder auch nicht. Auch sie verwurzelt sich gern im Boden. Im Seichteren – bis rund dreißig Zentimeter – macht das nichts: Die Krebsschere ent-

lässt sich wie an einer Nabelschnur an die Oberfläche. Im Tieferen – bleibt sie einfach sitzen. Wie viel sie zur Klärung des Wassers beiträgt, ist – unter Adepten – am ehesten ein Grund gegensätzliche Meinungen heftig zu vertreten.
Jedenfalls: Sie liebt weder zu armen Untergrund – im Schotter verkommt sie schlicht, schätzt aber später den angesammelten Mulm – noch allzu viel Sonne. Doch auch diese Behauptungen kann sie Lügen strafen.
Das ist sehr gut so. Da im Teich hauptsächlich Wildpflanzen eingesetzt werden, sollten einem diese ruhig beibringen, dass die vorgeschriebenen Umgangsformen mit Pflanzen – wie man diese in der Gärtnerei fürs Blumenbeet kauft, samt Maßregeln – nicht immer stimmen. Gerade ein Biotop oder Schwimmteich ist eine sehr komplexe Individualität: Dass dieselben Pflanzen darin sehr verschieden reagieren, fordert dazu auf, einfache Vorschriften durch genauere Beobachtung zu ersetzen. So entstehen persönliche Beziehungen zwischen Individuen: Und es schadet dem Teichbesitzer gar nicht zu lernen, dass nicht nur er ein solches ist; jede Pflanze kann ebenso dickschädlig sein. Das heißt: sie hängt von ihren Bedürfnissen ebenso ab wie er von seinen.
Nun: Es hat die bisherige Diskussion der frei schwimmenden Pflanzen keineswegs jenes Wundermittel ergeben, das theoretisch möglich erschien.

Und doch gibt es eines, das weder sehr bekannt noch sonderlich beliebt ist: Es ist das Gemeine Hornkraut, *Ceratophyllum demersum*. Es sieht wie eine grüne Schlange aus und kann mehr als einen Meter lang werden. Und liegt halt so im Wasser herum, ohne Wurzeln; manchmal überaus dicht, wie viele Bündel von Schlangen. Es ist auch eine der wenigen Wasserpflanzen, die heutzutage nicht gefährdet ist, sondern sich, ganz im Gegenteil, einer ständig zunehmenden Ausbreitung erfreut. Das liegt daran, dass in der Natur durch Überdüngung immer mehr Nährstoffe in die Bachläufe, Flüsse und Seen geraten.
Das Gemeine Hornkraut schätzt es, reichlichst gefüttert zu werden. Es ist eine Pflanze, die Eutrophie „anzeigt" – denn im Armen kann sie nicht. Im soeben neu eingelassenen Teich ist sie sehr wichtig: Gerade jetzt wurden durchs Wasser aus dem Substrat besonders viele Nährstoffe gelöst. Das *Ceratophyllum* frisst – man möchte nachgerade sagen: begeistert. Im Herbst schließlich macht es die – bereits bekannten – „Winterknospen", um im Frühling am Grund zu wachsen und dann frei schwimmend wieder aufzusteigen.
Das wird jedoch im Allgemeinen nicht geschehen. Vor allem die großen Unterwasserpflanzen haben bis dahin den Teich schon zu nährstoffarm gemacht. Und damit gibt es kein Hornkraut mehr. So braucht man gar keine komplizierten und teuren Analysen, um festzustellen, in welchem Zustand der Teich jetzt ist. Wenn im zweiten Jahr fast oder gar kein Hornkraut mehr kommt, ist alles in Ordnung.
Ähnlich verhält es sich bei Sanierungen: Man wirft einfach eine größere Ladung von Hornkraut in den trüben Teich. Wenn das Wasser klar geworden ist, fischt man es wieder ab, um den aufgenommenen Nährstoffüberschuss nicht im Teich zu belassen. Natürlich kann das auch eine bloße Symptombehandlung sein, die sich noch längst nicht gegen die eigentliche Wurzel der Fehlfunktion wendet.
Dennoch bleibt *Ceratophyllum demersum* allemal ein verlässlicher Indikator für den Zustand eines Teiches. Wenn es diesem ohnehin gut geht, löst es sich einfach auf.

Wurzeln im Wasser

Jedes Würzelchen im Wasser ist von Vorteil.
Und es gibt viele Pflanzen des Feuchtbiotops, die nicht nur im Substrat wurzeln, sondern auch an allen Trieben recht schnell Wurzeln bilden, sowie sie überflutet werden. Das gilt vor allem für typische Uferpflanzen, die ja in der Natur nie mit einem völlig gleich bleibenden Wasserstand rechnen können; aber selbst im Teich reichen Schwankungen von zehn oder mehr Zentimetern hin, um dieses Phänomen zu verursachen.

Das Sumpfvergissmeinnicht, *Myosotis palustris,* kann zum Beispiel bis zu einem Meter überflutet werden und wächst dabei ständig der Wasseroberfläche entgegen. Dabei bildet es vielfach kleine Wurzelbärtchen aus, die frei ins Wasser hängen. Das verschafft nicht nur zusätzliche Versorgung und verkürzt den Weg der Nährstoffe bis zur Triebspitze; es ist zugleich eine Vorbereitung für den Fall, dass der Wasserstand allzu lange so hoch bleibt. Denn dann faulen die eigentlichen Wurzeln im Substrat sowie ein Stück des Stängels ab – und das Vergissmeinnicht schwimmt frei im Wasser. Das kann durchaus länger dauern und verhindert nicht einmal das Blühen. Aber irgendeinmal wird die Pflanze vom Wind oder der Strömung wieder an einem Ufer abgesetzt und dann verankern sich die längst vorhandenen Wurzeln schnell im Grund.
(Im Übrigen samt sich *Myosotis palustris* auch reichlich aus, wobei diese Samen zumeist übers Wasser verbreitet werden. Wer sich anfangs eine Stelle aus-

sucht, wo er das Sumpfvergissmeinnicht am Ufer des Teiches haben will, wird spätestens nach zwei Jahren feststellen, dass es da oder dort erscheint, aber vielleicht nie wieder am ausgewählten Platz.)

Auch das Pfennigkraut, *Lysimachia nummularia,* ist eine typische Uferpflanze und wird zumeist als Bodendecker benützt, der das Ufer gegen Erosion schützt. Es wächst dicht und kriechend, mit goldgelb leuchtenden Blüten. Die Richtungen der Ausbreitung scheinen eher zufällig zu sein – solange das Substrat feucht genug ist. Doch wenn es ins Wasser wächst oder überschwemmt wird, schwimmen die flachen Ausleger einfach auf und lassen ihre Wurzeln von der Oberfläche ins Wasser hängen. Dabei gedeihen sie genauso prächtig weiter.
Dasselbe gilt von der Bachbunge, *Veronica beccabunga,* die ebenfalls zur Uferbefestigung gesetzt wird. Sie bildet, im Wasser aufschwimmend, besonders reichliche Wurzeln. So sorgen diese Pflanzen unter anderm auch dafür, das Wasser im Uferbereich nährstoffarm zu halten; und es kommt auch dort zu keiner Veralgung.

Ein völlig anderes Phänomen kann man beim Langen Zyperngras, *Cyperus longus,* beobachten. Es ist eine hohe, dichte und sehr formschöne Pflanze – der einzige mitteleuropäische Verwandte des Papyrus *(Cyperus papyrus),* aber leider seit einigen Jahrzehnten in der freien Natur ausgestorben und seither nur noch in Biotopen und Teichen kultiviert (was dieser Überlebensmöglichkeit einen recht eindeutigen Wert verleiht).
Man kann diese Pflanze vom Ufer bis zu rund vierzig Zentimeter Tiefe setzen. Sie verbreitet sich kaum aufwärts, sondern seitlich und abwärts ins Wasser. Dabei gehen ihr die Sprossen und Wurzeln im Substrat voraus, wobei letztere, im Allgemeinen unterhalb der ausgebildeten Pflanzen, seltsame braunschwärzliche Bärte ins Wasser aufsteigen lassen. Diese sind eine eigene Art von Wurzeln, um zusätzlich zum Substrat auch das Wasser selbst als Ernährungsquelle aufzuschließen.

Etwas prinzipiell Ähnliches, auch wenn es anders aussieht, tun die größeren Sorten von Rohrkolbenschilf *(Typha latifolia, T. angustifolia, T. laxmannii)* sowie der recht nah verwandte Igelkolben *(Sparganium erectum).* Prinzipiell lieben sie alle tiefgründigen und lehmigen Boden. Den bekommen sie im Schwimmteich allerdings nicht, sondern müssen sich mit einem eigentlich zu armen Substrat zufrieden geben – zumindest, bis es „mulmiger" wird, was sie recht schätzen.
Wenn sie nun im Substrat nicht genug Nährstoff finden, bilden sie im freien Wasser zusätzliche Wurzeln aus, die ganz ebenso wie die „Bärte" des Langen Zyperngrases die im Wasser gelösten Nährstoffe aufzehren. Bei *Typha latifolia* und *Sparganium erectum* sind das recht sichtbare, silbrigweiße Wurzelstränge, die sich um die Pflanze ausdehnen; bei *Typha angustifolia* ist es eher eine feine, dichte Verfilzung über dem Substrat, die weniger auffällig ist, aber dasselbe bewirkt.
Und hier handelt es sich nun wirklich – wie schon bei *Cyperus longus* – um große, mächtige Pflanzen, die durchaus in der Lage sind, den winzigen Algen erfolgreich Konkurrenz zu machen – was schlicht heißt: ihnen die Lebensgrundlage zu entziehen. Diese hohen Pflanzen lässt man, wenn sie im Herbst vergilben, den ganzen Winter über stehen: damit in oder um diese kräftigen und teils hohlen Stängel eine Gasabgabe aus dem zugefrorenen Teich möglich wird, was es erspart, diesen ständig an einer Stelle offen zu halten. Aber spätestens im Frühling werden sie geschnitten; und ein Teil der Nährstoffe, welche aus den Wasserwurzeln in die Stängel und Blätter transportiert worden waren, wird damit ebenso wie beim Rückschnitt der Unterwasserpflanzen dem Recycling im Teich entzogen. (Dieser wird mit den Jahren trotzdem immer fruchtbarer, aber davon später.)

Unter den Pflanzen, die mit ihren Wurzeln für die Klarheit des Wassers sorgen, ist eine ganz besondere, die das am Anfang – etwa in den ersten zwei Jahren – noch kaum tut. Es handelt sich um die Aufrechte Segge, *Carex elata.* Wenn man sie irgendwo zu kaufen bekommt – sie ist nicht gerade häufig im Handel –, sieht sie am ehesten wie ein steifes Grasbüschel aus. Dieses sollte man nicht, wie es möglich wäre und manchmal empfohlen wird, einfach an die Wassergrenze am Ufer setzen, sondern eher – wenn es kräftig genug ist – in vierzig bis sechzig Zentimeter Tiefe. Dabei wird es gänzlich überflutet (was zu junge Exemplare nicht immer vertragen).
Von dort unten wächst es rasch empor, spätestens im nächsten Frühling, mit hellstem Grün und schwarzbraunen Samenständen. Das ist, aus der Tiefe kommend, auf jeden Fall einmal hübsch. Aber erst im dritten Jahr begreift man, warum man dieses anfangs zierliche Pflänzchen extrem solitär hätte setzen sollen: es bildet einen sehr dichten, aufrechten Horst, der immer breiter wird. Und dieser wächst jedes Jahr auf dem Wurzelballen des Vorjahrs: Damit verlässt *Carex elata* das Substrat. Je mächtiger sie wird, desto mehr ihrer Wurzeln hängen nur noch ins Wasser.

Dabei ist sie enorm konkurrenzstark: Niemand kann sie mehr aufhalten. Im fünften Jahr kann der Durchmesser des Horstes bereits einen halben Meter betragen, dabei kommt sie immer höher aus dem Wasser, was gerade im Tieferen spektakulär wirkt.
Ihre endgültige Größe hat sie nach vielen weiteren Jahren mit fast einem Meter Durchmesser erreicht – wohl kaum im Schwimmteich, aber in der Natur. Dort ist sie für die Verlandung von Uferzonen verantwortlich, wenn sie in großer Dichte auftritt: Die abgestorbenen Wurzeln erhöhen ständig das Bodenniveau.
Dass das Baumaterial dazu dem Wasser entzogen wird, ist im Schwimmteich das Wichtigste. Er wird, selbst mit fünf oder zehn Aufrechten Seggen, nicht verlanden – zumindest nicht in einigen überschaubaren Jahrzehnten –, aber gerade mit seiner zunehmenden Fruchtbarkeit (so arm er auch gestartet wurde) wachsen noch mächtigere Verzehrer; und die Wasserqualität wird immer stabiler.

Das liegt, wie mehrfach hervorgehoben, an der Fülle des Lebens im Wasser. Aber auch an der Vielfalt und Gesundheit der Pflanzen. Da jede ein bisschen andere Ansprüche hat, wird die Filterung des Wassers umso komplexer, je mehr Sorten beteiligt sind. Aber jeder dieser Unterschiede fördert auch andere Lebewesen, die von den Pflanzen oder den von ihnen geschaffenen Bedingungen abhängen. Dadurch entsteht eine Vielfalt, in der auch Schädlinge und Parasiten genug Feinde vorfinden. In Monokulturen ist das nicht der Fall und deshalb sind sie so anfällig. In einem Teich sollte man sich nie auf die – noch so nachgewiesene – Klärwirkung einer bestimmten Pflanze verlassen. Je mehr Sorten man verwendet, umso gesünder sind sie alle. Ein Schwimmteich ist schließlich auch etwas anderes als eine biologische Kläranlage.

Indirekte Klärung

Natürlich gibt es auch (Wasser-)Pflanzen, die Schadstoffe direkt aufnehmen können. Die Teichbinse, *Schoenoplectus lacustris,* zum Beispiel absorbiert und entgiftet Phenol. Das ist für industrielle Kläranlagen sehr wichtig; im Schwimmteich aber hat etwas wie Karbolsäure ohnehin nichts verloren.
Auch für Hauskläranlagen verwendet man Wasserpflanzen, vor allem das gewöhnliche Schilf, *Phragmites australis,* und den Großen Wasserschwaden, *Glyceria maxima.* Doch von beiden ist für Schwimmteich und Biotop dringend abzuraten: Sie würden alle andern Pflanzen verdrängen und überwuchern, um am Schluss mehr oder weniger als Monokultur übrig zu bleiben.
Dennoch ist interessant, wie sie klären. Nämlich nicht nur durch ihren enormen Nährstoffverbrauch – denn zuerst stehen diese Nährstoffe (in der Kläranlage) ja auch gar nicht in jener aufgespaltenen und gelösten Form zur Verfügung, die sie brauchen. Aber sie wissen sich zu helfen. Sie versorgen die Bakterien, die das Aufspalten für sie erledigen sollen, über ihre Wurzeln mit Sauerstoff. So entsteht im ganzen Bereich rund um die Wurzeln – im Substrat ebenso wie im Wasser darüber – die angeregteste Tätigkeit: Verzehr alles Anfallenden und Vermehrung der Bakterien. Und damit beschleunigt die Pflanze indirekt den Zerfall jener Substanzen, die sie letztlich als Nährstoff zu sich nehmen will.
Nun haben fast alle größeren Wasserpflanzen erstaunlich umfangreiche Leitbündel, um den Gasaustausch nach beiden Richtungen bewältigen zu können. (Die große Gasmenge in den Leitbündeln ist auch verantwortlich dafür, dass alle diese Pflanzen an der Wasseroberfläche aufschwimmen, wenn sie entwurzelt werden.) Nun sind aber, gerade in dieser Hinsicht, die wenigsten Wasserpflanzen wissenschaftlich wirklich erforscht. Wir wissen einfach nicht, welche weiteren Pflanzen – außer den beiden genannten – ebenfalls Sauerstoff aus den Wurzeln abgeben.
Deshalb helfen vorläufig nur Beobachtungsergebnisse. Aber wenn man zum Beispiel den Seerosen nachsagt, außer zur Beschattung des Wassers durch ihre Schwimmblätter in keiner Weise wirklich nützlich zu sein, so steht dem einiges gegenüber. Schneidet man ein Blatt mit einem Stück Stängel ab und lässt es schwimmen, so wird man sehen, dass aus dem offenen Stängelende eine geradezu ununterbrochene Luftbläschenkette aufsteigt, solange das Blatt besonnt ist. Dieser Effekt kann sogar über mehrere Tage andauern. Es heißt wohl, dass die Sauerstoffproduktion durch Fotosynthese anhält; und dass dieser Sauerstoff größtenteils nach unten ins Rhizom befördert wird. Dieses, das etwa armdick ist und außerhalb des Wassers sehr schwer sein kann, schwimmt sofort auf, sowie man es aus dem Substrat löst. Es ist ebenfalls voll von Gasen. Dazu kommt ein weiteres Phänomen, das beim aufmerksamen Beobachten der Seerosen auffällt: Gelegentlich steigen aus dem Substrat, ganz in der Nähe der „Rhizom-Krone", aus der die Pflanze hervorkommt, gleichzeitig mehrere große Luft- oder Gasblasen auf. Normalerweise sind sie geruchlos, erst bei der gefürchteten Krankheit „Kronenfäule" werden sie stinkend.
Hier ist eindeutig, wenn auch nicht wissenschaftlich

spezifiziert, eine Beeinflussung des Wurzelbereichs gegeben. Bei sehr vielen anderen Pflanzen – zum Beispiel bei den Seggen *Carex elata, C. acutiformis, C. riparia* – kann man dies vorläufig nur vermuten.
Aber es geht nicht nur um Sauerstoff. Nahezu alle höheren (Land-)Pflanzen nehmen mit ihren Wurzeln nicht nur auf, sondern scheiden auch ab – und zwar die verschiedensten Stoffe. Bei den unerhört vielen und komplizierten chemischen Umwandlungen, die in einer Pflanze stattfinden, bleiben natürlich auch gar nicht so wenige Reste übrig, die nicht mehr gebraucht werden. Vielfach werden sie intern in speziellen Zellen „endgelagert", beeinflussen aber, zum Beispiel mit dem Laubfall und Verrotten ab Herbst, dennoch die Umgebung der Pflanze. Auch dabei haben sich, im Laufe von Millionen von Jahren, Vor- und Nachteile herausgestellt. Wer Gifte streut, die Konkurrenten unterdrücken, hat's leichter.

Abb. 126 – Chara vulgaris

Dasselbe gilt für die Ausscheidungen der Wurzeln. Relativ altbekannte Aussagen dazu finden sich in jenen Gartenbüchern, die beschreiben, welche Nachbarschaften von Pflanzen vermieden werden sollen und welche sich günstig auswirken. Was teilweise nach Magie klingt, ist schlicht Chemie (wie in der menschlichen Liebe, die selbst bei den besten rationalen Bedingungen die unbewussten Botenstoffe des Duftes nicht dauerhaft negieren kann).
Was Pflanzen alles über die Wurzeln ausscheiden können, ist eher prinzipiell bekannt als von den einzelnen Arten. So gehören auf jeden Fall gewisse Aminosäuren dazu, aber auch höhere Eiweißverbindungen, die bei speziellen Bakterien sogar dazu führen können, dass sie im Bereich dieser Ausscheidung eine „antibiotische" Wirkung entfalten, wie es seit *Penicillium notatum* bekannt ist. Ebenso profitieren viele Pilze davon.
Wüsste man bei den Wasserpflanzen diesbezüglich besser Bescheid, könnte man manche wohl sehr gezielt einsetzen. So hingegen können wir höchstens vermuten oder hoffen, dass manche so genannte Zierpflanzen, von denen keine klärende Wirkung bekannt ist – etwa Wasserschwertlilien, Pfeilkraut, Seekanne, Hechtkraut –, dennoch etwas Positives bewirken. Das sollte ein weiteres Argument sein, gerade bei den Pflanzen auf die Vielfalt der Sorten zu setzen, was ja zugleich die Ästhetik befriedigt.

Sauerstoffspender

Auch die Sauerstoffproduktion unter Wasser ist ein indirekter Beitrag zur Klärung, wie dies schon bei den Unterwasserpflanzen festgestellt wurde.
Von der Nadelbinse, *Eleocharis acicularis,* weiß man nicht, ob sie noch irgendeinen anderen Beitrag leistet – aber als Sauerstofflieferant ist sie ausgezeichnet. Sie sieht eigentlich wie ein Rasen aus feinen grünen Härchen aus, wobei sie sehr dicht und etwa zehn Zentimeter hoch werden kann. Erstaunlich ist, dass sie nur außerhalb des Wassers blüht – man könnte sie also ans Ufer setzen – und doch die Neigung hat ins tiefere Wasser hinunterzuwachsen, sogar bis rund sechzig Zentimeter, um sich erst dort dann wirklich auszubreiten. Im Teich scheint dies keinen Sinn zu machen, in der Natur jedoch blüht die Pflanze eben dann, wenn der Wasserspiegel tief genug gesunken ist.
Außerdem könnte man meinen, dass ihr an der Verbreitung durch Samen gar nicht viel gelegen sein müsste, da ihre vegetative Ausbreitung so rasch und gründlich vor sich geht. Es reicht, ein handtellergroßes Büschel an drei oder vier Stellen der Pflanzenzone auszusetzen und abzuwarten. Allerdings sind nicht nur die Hälmchen sehr fein, sondern ebenso die Wurzeln: Ein zu schottriges Substrat ist der Ausbreitung daher gänzlich hinderlich.

Eine andere Pflanze wird vielfach für „Unterwasser-Unkraut" gehalten, weil sie zumeist gar nicht gesetzt wurde. Nun ist die Sache, ob man irgendeinem wilden Kraut die Silbe „Un" voransetzt, eine reine Definitionsfrage; meistens hängt es nur davon ab, ob man für die Pflanze gezahlt hat oder nicht. *Chara spec.* stellt sich häufig genug von alleine ein, wenn das Wasser relativ sauber und kalkreich ist; und verbreitet sich dann rasch. Es handelt sich um ein Armleuchtergewächs – meistens *Chara vulgaris* –, das gewissermaßen einen Sonderfall unter den

Grünalgen (oder eher eine abgespaltene Weiterentwicklung dieser) darstellt, da die Pflanze verwurzelt ist (auch wenn es noch keine ganz „echten" Wurzeln sind) und bis zu dreißig Zentimeter groß werden kann.

Wo sich *Chara* nicht wohl fühlt, kann man sie nicht ansiedeln; wo ihr die Umstände entsprechen, bildet sie dichte Bestände. Diese lassen sich zwar mühelos lichten, wo sie einen stören, aber ganz los wird man diese Armleuchter nie mehr. Das sollte auch weiter nicht stören: Aus ihren dichten Polstern steigen ständig perlend die Sauerstoffbläschen, sogar in der kalten Jahreszeit. Was *Chara* für ihren Aufbau und die Fotosynthese braucht, entnimmt sie direkt dem Wasser, wobei sie auch stark verkalken kann. Zieht man sie aus dem Wasser und lässt sie trocknen, zerfällt sie innerhalb weniger Stunden in weißlichen Staub.

2. SEICHTWASSERZONE UND UFER

Seichtwasserzone

An den tiefsten Stellen des Pflanzenbereichs sollten die großen Unterwasserpflanzen sowie die Seerosen sitzen.
Von rund vierzig Zentimeter Tiefe bis zum Ufer reicht die Seichtwasserzone.
Dass man die gegebene Vielfalt der möglichen Pflanzen extrem ausnützen sollte, könnte mittlerweile – durch die bloße Wiederholung dieser Behauptung – in den Rang einer Maxime aufgestiegen sein. Wenn nicht, dann müssen Sie eben weniger setzen, als Ihnen angeboten wird.
Immerhin gibt es auch Leute, die ihren Teich nur mit weißen Blüten gestalten wollen; oder mit weißen und gelben; oder rosarot und ... Aber wir sind halt der Meinung, dass eine natürliche Gestaltung eher biologisch als designerhaft sein sollte. Und das setzt dann doch Vielfalt voraus.
Und es sieht eher so aus, dass uns die siebzig, achtzig oder mehr Sorten von Pflanzen, die wir verwenden, in der Praxis kaum ausreichen. Wer häufig um den Teich geht und beobachten möchte, will vom zeitigen Frühling bis zum Herbst immer wieder was Neues in Entwicklung sehen. Das macht es einfach spannend und schöner.
Für die Seichtwasserzone gibt es zahlreiche blühende Pflanzen: von der Schwanenblume (Blumenbinse, *Butomus umbellatus*) über die verschiedenen Pfeilkräuter *(Sagittaria sagittifolia, S. latifolia)* und den Fieberklee *(Menyanthes trifoliata)* bis zur *Pontederia cordata*, dem Hechtkraut. Dazu kommt die heimische gelbe Wasserschwertlilie, *Iris pseudacorus*, sowie ihre tiefviolette asiatische Verwandte, *Iris laevigata*.
Was hier zu bedenken ist, wurde schon früher gesagt: Wo man sitzt oder liegt und auf jeden Fall schaut, sollten die schönsten Pflanzen sein. Die abschirmenden höheren setzt man am ehesten gegen die Straße oder die Nachbarn – wenn man nicht schwimmend ständig Neid erregen will.
Im Übrigen war hier von fremdländischen Pflanzen die Rede, was einer eigenen kurzen Betrachtung bedarf.

Exotische Pflanzen

So „heimisch" mittlerweile Thujenhecken wirken, nämlich einfach auf Grund ihrer Häufigkeit, so wenig sind sie – als absolute Fremdlinge – mit unserer Fauna kompatibel. Das heißt: Sie wachsen zwar, aber reichlich nutzlos. Sie bilden die gewünschte Hecke und damit den angestrebten Sichtschutz, aber es stellt sich kein Leben ein. Europäische Insekten, Vögel etc. hatten nicht die Millionen Jahre dauernde Gelegenheit sich parallel mit dieser Pflanze zu entwickeln, um zu lernen, wie man sie nützt. Sie wurde einfach importiert, sie wächst und gewinnt in der Natur doch kaum mehr Funktion als eine am Zaun befestigte Schilfmatte.
Hätte man statt dessen Pfaffenhütchen, *Euonymus europaeus*, angepflanzt, dann wäre jede dieser Heckenpflanzen der „Wirt" von mindestens zweihundertfünfzig Lebewesen aller Art. Die Schmetterlingsraupen sind häufig an nur einen Wirt gebunden und können anders gar nicht überleben – und heißen manchmal auch danach, wie der wunderschöne und immer seltener werdende Osterluzeifalter – und solche Präferenzen treffen ebenso für viele Insekten zu; aber auch die Vögel brauchen die Dornenabwehr von Schlehe oder Kreuzdorn zum Schutz ihrer Nester. Jede Hecke aus europäischen Wildsträuchern ist unerhört nützlich. Bei importierten Gewächsen ist das zweifelhaft.
Was der Handel anbietet, ist das ebenso sehr. Ein Billigimport reicht oft als Grund, um eine neue Pflanze zu verbreiten. Dass dies möglicherweise mit einer Dezimierung der Wildsorte an ihrem natürlichen Standort verbunden ist, erfährt man nicht einmal.
Und dennoch: Pflanzen wurden und werden eingeführt, verfälschen damit die heimische Flora und sind dennoch keine Katastrophe, zumindest nicht notwendigerweise.
Pontederia cordata, das blau blühende Hechtkraut aus Nordamerika, ist nicht nur bei den Menschen – aus ästhetischen Gründen – seit rund hundertfünfzig Jahren eingebürgert, sondern auch bei den Bienen. Es führt nicht die sterile Existenz von *Thuja* (die sich selber befruchtet), sondern bietet „verständlichen" Nektar.
Ebenso anziehend auf Insekten wirkt die sehr früh austreibende Blüte des Schildblatts, *Darmera peltata*; erst danach entwickeln sich die hohen, riesigen Blätter.
Und eine Schmetterlingsraupe, die sehr gefräßig auf der heimischen *Iris pseudacorus* auftrat, hat sich von uns willig auf die asiatischen *Iris laevigata* sowie *I. kaempferi* umsetzen lassen; und dann noch auf die

Abb. 127 – Darmera peltata, das Schildblatt

nordamerikanische *I. versicolor*. Sie fraß überall genüsslich weiter.

Und darum geht's wohl: wie sehr fremdländische Pflanzen von der Natur aufgenommen und integriert werden. Zum Glück brauchen sie keinen Bescheid des Innenministeriums.

Hybriden etc.

Ein Großteil der im Teich verwendeten Pflanzen sind nachgezüchtete Wildpflanzen (deren Entnahme aus der Natur strengstens verboten ist). Sie sind durchwegs robust und zuverlässig und verhalten sich im oder am Teich nicht anders als in der Natur. Das heißt, man kann es bei der Bewunderung bleiben lassen und braucht sich weiter nicht um sie zu kümmern. Im Herbst verschwindet ein Großteil von ihnen („zieht ein", nämlich alle Stärkekörner in die Wurzeln), im Frühling kommen sie zumeist vermehrt wieder.

Das sieht alles so gut aus und funktioniert auch so problemlos, dass es uns nicht notwendig erscheint, auch noch Gärtnerei-Hybriden zu verwenden. Diese entstehen mit der Mode der Biotope und Schwimmteiche: etwa weiß blühende Dotterblumen (was deren Namen nicht gerade sinnfälliger macht) oder ge-

Abb. 128 – Iris laevigata, die Wildform

füllte Pfeilkräuter. Das gibt es bereits. Wie viel von der Zähigkeit der Wildpflanze dabei erhalten blieb, ist eher fraglich.
Wenn es sich um selten gewordene oder gar schon ausgestorbene Pflanzen handelt, die weitgehend nur noch in Schwimmteichen und Biotopen überleben (wie *Cyperus longus*), wird die Sache noch bedenklicher. Das ist etwa bei der Sibirischen Schwertlilie *(Iris sibirica)* der Fall, die trotz ihres Namens bei uns heimisch, aber bereits sehr stark gefährdet ist. In den meisten Gärtnereien werden zahlreiche Hybriden mit phantastischen – zumeist englischen – Namen angeboten, wobei die Farben von Dunkelblau bis Weiß („Snow Queen") reichen; aber die gefleckt blaue Wildform ist kaum noch irgendwo zu finden. Das gilt auch für andere Schwertlilien wie *I. kaempferi* und *I. laevigata,* die dann als „Snow Drift" oder „Rose Queen" angeboten werden.
Wir meinen, dass man bei der Wildform bleiben sollte.
Anders ist es mit den Panaschierungen und ähnlichen Launen der Natur. Als Panaschierung bezeichnet man, dass ein Teil eines Blattes plötzlich etwa gelb oder weiß gefärbt ist statt grün; das kann in Flecken oder Streifen sein oder sogar, wie bei der Zebrabinse *(Schoenoplectus tabernaemontani „Zebrinus"),* in geringelter Form auftreten. Hier handelt es sich nicht um das Ergebnis mühsamer Züchtungsversuche, sondern es entstehen solche Scheckigkeiten ganz spontan in der Natur – durch eine unregelmäßige Chlorophyll-Verteilung, deren Ursache vorläufig unbekannt ist. Zumeist ist diese Abweichung nicht genetisch fixiert, was heißt, dass die Vermehrung nur vegetativ möglich ist. Jedenfalls: Der glückliche Finder bringt die Pflanze als neue Varietät auf den Markt.
Diese trägt dann den Beinamen *„Variegatus/a/um";* und wenn das Gelb zu Gold aufgewertet wird: *„Aureovariegatus/a/um".*
Natürlich wirkt sich die geringere Energieproduktion – da sich in den weißen Flecken kein Chlorophyll befindet und dadurch weniger Stärke erzeugt wird – auf die Pflanze aus. Sie wird mehr oder minder schwächer. Doch manche extrem wuchernden Pflanzen werden erst durch diese Einschränkung für den Teich praktikabel. Das gilt besonders für den Kalmus, der als *Acorus calamus „Variegatus"* nicht nur um vieles reizvoller ist, sondern sich auch sehr viel langsamer vermehrt und ausdehnt. Ebenso verhält es sich bei *Glyceria maxima „Variegata".*
Weniger deutlich ist dieser Effekt von Schwächung – etwa beim Blühen – bei den verschiedenen *„Variegatus"*-Arten der Schwertlilien. Außer durch die auffällig gestreiften Blätter unterscheiden sie sich kaum von der Wildform. Zudem stammt die Panaschierung im Allgemeinen von dieser und nicht von irgendwelchen Hybriden. Hier kann man des lebhaften Laubs wegen durchaus panaschierte Formen wählen.
Die Aufrechte Segge, *Carex elata,* wird als *„Aureovariegata"* vorläufig nur in den USA gehandelt; ob sich an der Pflanze außer dem Erscheinungsbild etwas geändert hat, wissen wir nicht.
Eine ganz andere Laune der Natur ist die Korkenziehersimse, *Juncus effusus „Spiralis".* Hier handelt es sich um keine Panaschierung, sondern um die verschiedensten Krümmungen bis eben hin zur Korkenzieherform. Solche Verformungen treten auch bei verschiedenen *Schoenoplectus*-Arten auf, wenn es durch Schotter oder Steine zu einem einseitigen Wachstumshemmnis kommt. Bei der Korkenziehersimse hingegen ist das immer der Fall. Allerdings braucht sie ein Moorsubstrat, um sich wohl zu fühlen (siehe *Moorbeet,* Seite 146).

Seltene Pflanzen

Ständig werden neue Kartoffelsorten gezüchtet. Aber wahrscheinlich seit mindestens hundert Jahren nicht mehr nach dem Kriterium des besseren Geschmacks. Es geht um Ertragsreichtum, Schädlingsresistenz, Lagerungsfähigkeit und Ähnliches. Es geht um die Marktwirtschaft und nicht um den Genuss.
Bei den Wildpflanzen gibt es zweierlei Arten von Seltenheit: selten bis ausgestorben in der Natur; oder bloß selten im Handel. Das deckt sich oft, aber nicht immer.
Die Seltenheit in der Natur ist leicht verständlich: Man hat Feuchtbiotope – saure Wiesen, Sümpfe, Auen – als geradezu letztmöglichen Landgewinn betrachtet und daher eliminiert. Die zunehmenden Überschwemmungen zeigen, dass dies eine der teuersten Fehlspekulationen der letzten Jahrzehnte war. Dazu kommt, dass die so erreichte landwirtschaftliche Überproduktion zu Überdüngungen und Vergiftungen weiter Landstriche geführt hat – und dass die Produkte obendrein immer wieder vernichtet werden müssen, um die Preise zu stabilisieren. Dass ausgerechnet unsere Zeitgenossen eines der dümmsten Kapitel der Weltgeschichte schrieben, ist nicht erhebend.
Viele Pflanzen sind auf diese Art verschwunden; und mit ihnen zahlreiche Lebewesen, die nur in diesem so fein ausgewogenen Gefüge der Natur zu überleben vermocht hätten.
Bei allem guten Willen sollte man auch heute die Möglichkeit nicht überschätzen, Biotop und Schwimmteich zum Refugium einer untergehenden

Welt zu erklären. Dazu müssten die Teiche in Europa ein flächendeckendes Netz mit ganz bestimmten Mindestabständen bilden, das Wanderungen sogar der Amphibien zulässt ... und davon wird auch in Zukunft nicht die Rede sein.
Und doch ist jeder Teich, im Gegensatz zur Sterilität eines Swimmingpools, die Keimzelle vielerlei Lebens. Neben Libellen, Fröschen, Molchen und Kröten bietet er tatsächlich auch vielen Pflanzen die Möglichkeit: weiterhin zu existieren. Aber vielleicht werden sie im Handel nicht angeboten; im Gegensatz zum gefüllten Pfeilkraut. Dahinter steckt dieselbe Logik wie bei den Kartoffeln: Nur der Gewinn rechtfertigt den Aufwand.
Die fast ausgestorbene Pflanze *Triglochin palustre*, der Sumpfdreizack, lässt sich mühelos aus Samen vermehren; dann allerdings entwickelt sich die Pflanze so langsam, dass man sie rund zwei Jahre im Töpfchen hegen muss, ehe sie eine akzeptable Verkaufsgröße erreicht hat. Und daher gibt es sie nicht (oder kaum) im Handel.
Noch langwieriger und mühsamer zu ziehen ist die wunderschöne und bereits äußerst gefährdete Sumpfgladiole, *Gladiolus palustris*; es dauert drei Jahre, bis die Pflanze blüht, und das ist wohl Grund genug, dass der Handel auf sie verzichtet. Die ebenso prächtige und in der Natur seltene Schachbrettblume, *Fritillaria meleagris*, wurde nur durch eine Mode – nämlich die Ernennung zur „Blume des Jahres" – vor einem ähnlichen Schicksal bewahrt. Da lohnte sich dann offensichtlich die Massenproduktion der Zwiebel – in Holland.

Abb. 129 – Triglochin palustre, der Sumpfdreizack

Ufer

Damit sind wir bereits bei den Pflanzen der Uferzone. Wie wichtig eine solche Uferzone ist, wurde hier bereits mehrfach festgestellt – nämlich zur mechanischen Klärung von Oberflächen-„Beschmutzungen" des Wassers. Bei starkem Samenflug kann es manchmal tagelang geradezu staubig auf dem Wasser aussehen; aber auch Fadenalgen, die nicht rechtzeitig abgefischt wurden, steigen bei ihrer Auflösung (die durch eine Wassertemperatur von 25 Grad oder darüber ausgelöst werden kann) an die Oberfläche und zerfallen dort. Ebenso kann Mulm vom Boden aufsteigen.
Wenn alles beim nächsten Wind wieder von alleine verschwindet, nämlich am Ufer abgelagert wird, ist das recht praktisch. Daher sollte das Ufer auch recht flach auslaufend gestaltet werden. Wo keine feineren Pflanzen behindert werden, macht auch Schotter nichts.
Denn die Hauptgefahr am unmittelbaren Wasserrand ist die Erosion, solange das Substrat noch nicht völlig durchwurzelt ist. Deshalb sollte man im neuen Teich eher vorsichtig als platschend und wellenschlagend schwimmen und auf Sprünge ins Wasser gänzlich verzichten. Und aus demselben Grund sollte man das Ufer auch gleich von Anfang an sehr dicht bepflanzen – pro laufendem Meter kann man, je nach Größe der Pflanzen, drei bis fünf davon setzen. Das wird dann in wenigen Monaten zu einer gründlichen Durchwurzelung führen.
Außerdem ist es schön. Ein Teich, der rundum durch eine natürliche Feuchtzonen-Vegetation abgeschlossen wird – gewissermaßen auch als deutliche Grenze zum übrigen Garten –, kann bereits nach zwei Jahren den Eindruck erwecken, schon immer so gewesen zu sein. Dazu kommt, dass für keine Zone eine größere Vielfalt von Pflanzen zur Verfügung steht.
Welche das sind, können Sie der Liste auf den Seiten 156 ff. entnehmen.

3. MOORBEET

Ein Moorbeet im strengen Sinn ist nur außerhalb des Teiches möglich, von diesem völlig getrennt; etwa an der anderen Seite des Weges, der um den Teich führt. Wer den Platz dafür hat, kann dies als sehr schöne Ergänzung seiner Wasserlandschaft betrachten.

Der Grund für die Notwendigkeit einer völligen Trennung liegt im ganz andern pH-Wert – während der Teich neutral bis leicht basisch ist, stellt das Moor mit seinem Torfsubstrat ziemlich saure Werte her. Das ist für die typischen Pflanzen dieses Bereichs auch notwendig, ebenso wie der durch den Torf bedingte Nährstoffmangel.

Doch von einem echten Moorbeet soll hier gar nicht die Rede sein, sondern von einer Möglichkeit, die dem eben Gesagten zu widersprechen scheint: nämlich doch einige Moorpflanzen im Teich anzusiedeln, um der Schönheit und der Vielfalt willen. Und das ist durchaus möglich.

So kann am Ufer und bis zu zehn Zentimeter ins Wasser das recht spektakuläre Wollgras (*Eriophorum vaginatum* und *E. angustifolium*) gesetzt werden, am Ufer weiters die Bachnelkenwurz *(Geum rivale)*, das Sumpfblutauge *(Potentilla palustris)*, im tieferen Wasser der sehr schön blühende Goldkolben *(Orontium aquaticum)*; dazu kommt noch die Korkenziehersimse *(Juncus effusus „Spiralis“)*, die Knäuelsimse *(Juncus conglomeratus)* und eine fürs Moor typische Segge *(Carex nigra)*. Das ist doch eine ziemliche Bereicherung an einem Teich, auch wenn es noch keine wirkliche Moorlandschaft ergibt und manche der erwähnten Pflanzen nur bedingt dazu zu rechnen sind. Auf zartere und solche, die einen sehr tiefen pH-Wert brauchten, wird man überhaupt verzichten müssen; sie würden verschwinden.

Den andern hingegen leistet man eine gewisse Hilfe im Wurzelbereich, indem man statt des üblichen Teichsubstrates Torf einbringt. Dieses muss einige Tage zuvor gründlich gewässert werden, da es sonst im Wasser aufschwimmt; um das zu verhindern, kann man es schon beim Wässern – etwa in Trögen – mit ein wenig Erde bedecken, die man dann darunter mischt. Es empfiehlt sich auch nochmals im Teich die rund zehn bis fünfzehn Zentimeter Torf dünn mit Substrat oder Lehm abzudecken.

Ein solches Beet braucht nicht groß zu sein; es reichen etwa zwei Meter Uferstreifen und dazu die angrenzende Zone bis etwa vierzig Zentimeter Wassertiefe. Dennoch handelt es sich um eine reizvolle Vegetation, die sich ein wenig vom übrigen Teich abhebt und zur Vielfalt beiträgt.

Abb. 130 – Eriophorum angustifolium, das Schmalblättrige Wollgras

Abb. 131 – Orontium aquaticum, der Goldkolben

4. SEEROSEN

Überblick

Sie sind ohne Zweifel die bekanntesten und beliebtesten Wasserpflanzen. Und es wird einem kaum jemand begegnen, der in Biotop oder Teich nicht zumindest eine haben will; zumeist werden es mehrere sein – und häufig im Zentrum der Aufmerksamkeit stehen.
Verwandte von ihnen sind heilig gesprochen worden: die Lotuspflanzen.
Die Seerosen sind ein uraltes Geschlecht unter den Pflanzen – was man den großen, übersichtlich gebauten Blüten auch ansieht. Die Magnolie etwa gehört in die fernere Sippschaft. Es gibt tropische Seerosen mit zumeist gezackten Blatträndern sowie leuchtend blauen und andersfarbigen Blüten; am Amazonas wächst *Victoria regia,* bei der die (nachts geöffneten) Blüten bei weitem nicht so berühmt sind wie die Blätter, die bis zu über zwei Meter Durchmesser haben, kreisrund sind, mit einem erhobenen Rand, und das Gewicht eines erwachsenen Menschen tragen könnten, wenn sich dieser gleichmäßig über die Oberfläche verteilen ließe …
In Europa haben wir es nur mit den winterharten Sorten der nördlichen Hemisphäre zu tun. Das sind, Wildformen und Züchtungen zusammengenommen, mittlerweile auch schon erheblich über zweihundert Sorten, in allen Farben – außer blau.
Mit den Rosen der Gärten haben sie nichts gemeinsam außer der recht wesentlichen Tatsache, dass sie ebenso wie diese über den längsten Zeitraum hinweg immer wieder blühen, manche auch durchgehend. Das kann – in Mitteleuropa – von Ende April bis in den Oktober hinein dauern; und hängt natürlich vom Wetter ab.
Dieses spielt bei den Seerosen eine größere Rolle, als man zuerst vermuten möchte: Es sind Wasserpflanzen, die den Regen nicht mögen. Die Blüten, die sich jede Nacht gänzlich schließen (wobei die Zeiten des Öffnens und Schließens nach Sorten verschieden sind), tun dies auch tagsüber, wenn es zu heftig regnet. Manchmal auch bei starkem Wind – oder wenn Leute daneben immer wieder platschend ins Wasser springen. Das stört sie eben.
Natürlich gibt es auch einen triftigen Grund dafür. Im Allgemeinen öffnen sich die Blüten drei Tage hintereinander (bei manchen Sorten auch etwas länger), ehe sie wieder absinken. Am ersten Tag bieten sie dabei so viel Narbensaft (noch nicht wirklichen Nektar, sondern dem Zuckerwasser näher), dass unvorsichtige Bienen darin sogar ertrinken können. Den wollen sie sich vom Regen nicht allzu sehr verdünnen lassen; und sich schon gar nicht vom Wind unter Wasser drücken lassen.
Sie brauchen also die Sonne. Aber auch nicht zu viel davon: Wenn an sehr heißen Sommertagen der Saft schnell verdunstet (oder ausgetrunken) ist, können sie sich schon am späten Mittag statt einige Stunden später schließen, um sich vor dem Verbrennen zu schützen.
Am zweiten Tag produzieren sie keinen Saft mehr, dafür reifen nun die Pollen. Auch diese gehören vor Regen geschützt: Sie sollen an den besuchenden Insekten wie Staub anhaften; und ebenso wenig gehören sie dem Wind ausgesetzt. Was eine Pflanze zu ihrer Fortpflanzung produziert, ist immer das Wertvollste und muss geschützt werden.
Vielleicht stimmt es auch, dass die Seerosen irgendwann in ihrer Entwicklungsgeschichte so genannte Fallenpflanzen waren, die ihre Besucher über eine Nacht einsperrten, damit diese dann wirklich gründlich mit Pollen bedeckt waren, wenn sie am nächsten Tag wieder in die Freiheit entlassen wurden.
Jedenfalls ist dieser erstaunliche Bewegungsapparat der Seerosen an die Wärme gebunden. Wenn im September die ersten kalten Nächte einsetzen, vielleicht von kühlen Tagen gefolgt, dann verlangsamen sich die Bewegungen ganz extrem. Es kann vom Morgen bis zum frühen Nachmittag dauern, um die Blüte gänzlich zu öffnen; und sie schließt sich dann erst ebenso langsam in der Nacht.
Es gibt auch Seerosen, die als Schnittblumen geeignet sind. Man lässt etwa zehn Zentimeter Stängel an der noch nicht ganz geöffneten Knospe und legt sie in eine flache Schüssel mit Wasser. Dort krümmt sich dieser Trieb, bis die Knospe senkrecht steht, und sie öffnet und schließt sich nun täglich wie im Teich. Aber nicht dreimal hintereinander, sondern bis zu neun- oder zehnmal – wozu bisher noch niemandem eine vernünftige Begründung eingefallen ist.

Wildformen

Über Wildformen zu reden heißt leider vielfach einen bedauerlichen Mangel in der Natur festzustellen. Die heimische Weiße Seerose, *Nymphaea alba,* war in Buchten der Seen, in Teichen und stilleren Nebenarmen der Flüsse durchaus zu Hause. Mittlerweile ist sie zur Rarität geworden. Da es eine Pflanze ist, die tiefgründigen und lehmigen Schlamm liebt, wird kaum die vermehrte Nährstoffzufuhr dafür verantwortlich sein, sondern eher die Belastung durch Giftstoffe. Dazu kommt, wie bei allen anderen Wasserpflanzen, die ständige Verringerung des Areals. Und in den Seen nicht zuletzt eine andere Umweltbelastung: nämlich der Mensch, der mit Motorbooten durchs Wasser pflügt. Damit kann auch die geduldigste Seerose nicht auf Dauer leben.

Nymphaea alba steht strengstens unter Naturschutz. Sie wird zwar in Nachzüchtungen angeboten, aber keineswegs häufig: in diesem Fall, weil sie kaum verlangt wird. Das liegt unter anderm auch daran, dass in vielen Biotopen und in den Pflanzenzonen der Schwimmteiche die erforderliche Setztiefe gar nicht erreicht wird. Siebzig bis neunzig Zentimeter sind das Minimum für *Nymphaea alba*; dazu kommt, dass man sie nicht in zehn Zentimeter ärmliches Schwimmteichsubstrat setzen kann – am besten tun ihr (und allen andern Seerosen) zwanzig bis dreißig Zentimeter fruchtbarer Lehm, der mit derselben Menge Sand durchlässiger gemacht wurde. Das heißt, dass man mindestens einen Meter Tiefe braucht. Ein bisschen mehr wäre besser: In der Natur wurde *Nymphaea alba* an Standorten bis zu 2,90 Meter angetroffen (was vielleicht nur eine extreme Anpassung an einen sehr gehobenen Wasserstand war. Das geht aber bei Seerosen sehr rasch: Die Blattstiele wachsen nach einer Überflutung um rund zwanzig Zentimeter pro Tag).

Die sehr schöne kleinere Wildform, *Nymphaea candida,* ist in Mitteleuropa bereits weitgehend ausgestorben. In Tschechien sowie im Osten Deutschlands gibt es noch einige ganz wenige Standorte, die zu Recht streng geschützt sind. Nachgezüchtete Exemplare von *N. candida* sind sehr selten zu erhalten; und häufig auch nicht mehr sortenrein. (Bei einer relativ fruchtbaren Sorte können Einkreuzungen ganz von selbst entstehen und nicht bemerkt werden.) Von der Setztiefe her – vierzig bis siebzig Zentimeter – wäre *N. candida* vielfach ideal, vor allem in kleineren Teichen. Sie wächst dort auch, allerdings manchmal mit Unbehagen, was sich oft in einer sehr geringen Blütenzahl ausdrückt: sie mag kalkhaltiges Wasser wenig, sondern liebt es eher ein bisschen sauer. Dazu kommt, dass sie – entwicklungsgeschichtlich gesehen – in Mitteleuropa ein so genanntes „Eiszeitrelikt" ist: also auch Teiche in sehr warmen Lagen nicht schätzt.

Die kleinste Wildform – *N. tetragona* – war hier überhaupt nie heimisch, sondern ist um den Polarkreis verbreitet. Sie ist winzig und entzückend, für Wassertiefen von fünfzehn bis knapp über dreißig Zentimeter geeignet, hat kleine Blätter und eine Blüte von nur wenigen Zentimetern Durchmesser und ist ebenfalls weiß. Aber was gelegentlich als *N. tetragona* oder *N. pygmaea alba* angeboten wird, ist im Allgemeinen schwer zu bestimmen; es ist selten eine reine Wildform, sondern eher eine Kreuzung der verschiedenen Subspecies-Formen. Wir haben zum Beispiel eine so polare, dass sie nur im zeitigsten Frühling und im kältesten Herbst üppig blüht, aber im Sommer dazwischen gar nicht.

Weitere europäische Wildformen gibt es nicht – wenn man von einer absieht, die im Handel überhaupt nicht erhältlich ist, aber für die Zucht neuer Sorten entscheidend wurde: nämlich *Nymphaea alba var. rubra*. Es ist „unsere" große, weiße Seerose, die in einem Areal Schwedens offensichtlich durch Mutation rosa bis rot wurde.

Doch gibt es weitere Wildformen aus Nordamerika, ebenfalls weiß. Da ist zuerst einmal *Nymphaea odorata,* die sich tatsächlich – wie es der Name nahe legt – durch einen bestechenden Duft auszeichnet. Außerdem kann und soll sie relativ seicht gesetzt werden, also zwischen vierzig und achtzig Zentimeter. Sie blüht anfangs nicht so stark wie *N. alba,* bildet aber sehr schnell eine Gruppe von Ablegern, sodass durch die Dichtheit der Pflanzen bald eine ebenso große Menge an Blüten entsteht.

Auch bei dieser Pflanze ist es, in einem einzigen Areal, zu einer Mutation gekommen: *N. odorata rosea*. Was allerdings unter diesem Namen gehandelt wird, ist eine Gruppe von Kreuzungen, die rosarot und recht hübsch sind; und sich von der Wildform eben mehr oder oft auch weniger unterscheiden. Das liegt daran, dass *N.-odorata*-Hybriden nicht so stark steril werden wie jene von *N. alba*; wer also immer einen Bestand davon hat, kann kaum verhindern, dass weitere Kreuzungen stattfinden.

Auch die zweite Wildform Nordamerikas ist weiß: *N. tuborosa,* die wiederum tiefer gesetzt werden kann.

Hybriden

Anfangs waren wir auch bei den Seerosen noch Puristen: also der Überzeugung, man müsse hauptsächlich den Wildformen einen Platz im Teich verschaffen. Das hat sich erstens als gar nicht so leicht herausgestellt. Nach allem vorher Gesagten dürfte verständlich sein, dass der Umgang mit *N. alba* und *N. candida* auch Probleme stellt. Und zweitens wollten viele Leute andere Farben als weiß.

Wir haben uns, halb gedrängt, mit den Hybriden beschäftigt. Und es ist – im Gegensatz zum gefüllten Pfeilkraut – zur Liebe geworden. Heute züchten wir selber welche.

Abb. 132 – Ein Seerosen-Zuchtbeet der Autoren

Joseph Latour-Marliac

Kunsthistoriker sind eine sehr seltsame Rasse. Sie haben – seit fast hundert Jahren – unzählige Artikel und Bücher über die Seerosenbilder von Claude Monet geschrieben. Und sind immer davon ausgegangen, dass die von Monet gemalten, bunten Seerosen eben auch schon damals eine Selbstverständlichkeit gewesen seien.

In Wahrheit waren sie eine Sensation, von der noch dazu kaum jemand etwas wusste. Das ist bis jetzt keinem Kunsthistoriker aufgefallen.

Es gäbe eine völlig neue Geschichte zu schreiben: jene von einem genialen Pflanzenzüchter, dessen neueste Kreationen sich der Maler holte, um sie in seinen bis heute berühmtesten Bildern darzustellen. (Gewiss ist die Einschränkung angebracht, dass Monet nicht konkret „darstellte", also wiedergab; aber er legte auf diese Neuzüchtungen Wert, um in seinem Garten mit ihnen zu leben; und sie regten ihn zu sehr vielen Bildern an, die zur konsequentesten Umsetzung seiner Sichtweise gehörten.)

Joseph Marliac entstammte einer Familie von Naturwissenschaftlern und wandte sich bei seinen eigenen Studien in Paris recht früh den tropischen sowie winterharten Seerosen zu. Als er in Temple sur Lot ein riesiges Gelände mit sieben Quellen und unzähligen Teichen erbte, begann er in den Sechzigerjahren des 19. Jahrhunderts mit der Zucht neuer Seerosen – was vor ihm noch niemandem gelungen war. Bereits in den Siebzigerjahren gab es seine ersten Sorten auf dem Markt; die allererste, die seit langem als *Marliacea rosea* bezeichnet wird, ist bis heute eine der beliebtesten und häufigsten: schön, robust und ein unermüdlicher Blüher. Bis zu seinem Tod – 1910 – schuf er mehr als achtzig Sorten.

Es geht dabei nicht nur um die verschiedenen Farbnuancen. Gerade an Marliacs weißen Seerosen sieht man deutlich, was sie den Wildformen gegenüber auszeichnet: längere Blühdauer untertags, geringere Wetteranfälligkeit, eine reichere Blütenzahl – und dazu kommen noch ästhetische Gründe: ein formaler Reichtum von tulpen- bis tassenförmig, kugelig oder pokalartig, manchmal auch eine Vermehrung der Blütenblätter (Füllung), schließlich noch deutlich größere Blüten. Doch ebenso kleinere: Marliac schuf Seerosen für praktisch alle verschiedenen Setztiefen.

Was ihm an Farben gelang, ist ebenso erstaunlich – bis hin zu echter Dreifärbigkeit. *N. Conqueror* zum Beispiel blüht in der Mitte dunkelrot, rundum sind die Blütenblätter rosa und außen weiß (siehe Abb. 100, Seite 110). Mit Hilfe der halbtropischen *N. mexicana* schuf er auch die ersten winterharten Seerosen in Gelb. Das wiederum wurde zur Grundlage der „Farbwechsler": *N. Sioux* – auf dem Einband vorne abgebildet – ist eine der größten davon. Sie blüht gelblich cremefarben auf, verfärbt sich am zweiten Tag von der Mitte her orange und wird am dritten Tag im Zentrum rötlich.

Allerdings sind die gelben und farbwechselnden Sorten – die zumeist ein senkrechtes Rhizom haben – durch ihren mexikanischen Vorfahren etwas empfindlicher und neigen zur „Kronenfäule", die ganze Bestände vernichten kann.

Wie Marliac das alles gemacht hat, ist – von wenigen offensichtlichen Kreuzungen abgesehen – bis heute unbekannt; und daher auch unwiederholt geblieben. Kurz vor seinem Tod bot er einem erfolglosen Züchter an, ihm sein „Geheimnis" zu verkaufen; jener aber konnte die verlangten 1000 Pfund dafür nicht aufbringen.

Bis heute stellen Marliacs Seerosen einen Großteil der im Handel angebotenen Sorten dar; und entzücken unzählige Menschen rund um die Welt.

Otto Froebel et alii

Während Marliac jährlich mehrere Sorten auf den Markt brachte, die zum Teil sofort von Monet gesetzt wurden, brauchte der Schweizer Froebel vierzig Jahre – bis zur Jahrhundertwende –, um seine einzige Sorte zu schaffen: *N. Froebelii*. Diese ist zwar sehr gelungen – dunkelrot, fürs Seichtwasser, extrem blühfreudig und wetterbeständig –, aber doch ein bisschen wenig für so lange Zeit.

Das blieb das Schicksal der meisten Züchter: dass sie im Laufe ihres Lebens nur ein oder zwei erfolgreiche Sorten herausbrachten. So etwa Dreer in Amerika die dunkelroten *N. James Brydon* und *N. William Falconer* oder Junge in Deutschland *N. Rosennymphe*. Auch *N. Rose Aray, N. Norma Gedye* und andere ließen sich aufzählen. Aber es blieben sozusagen Einzelereignisse, oft auch zufälliger Natur: Die Kreuzung war von Bienen und nicht von Züchtern vorgenommen worden – und auf einmal fand sich eine neue Sorte. Dass dies – auch bei gezielten Versuchen – so selten der Fall war, liegt erstens daran, dass die Kreuzungen der wenigen Wildsorten nichts wesentlich Neues mehr erbrachten; und zweitens an den Hybriden, die sich bei Befruchtungsversuchen als weitgehend bis gänzlich steril erwiesen.

Dafür gab es – in geringerem Maße – spontan auftretende Mutationen. So ist die von dem deutschen Züchter Berthold nach ihm selbst benannte Seerose die vegetative Vermehrung einer rosa gefärbten *N. Froebelii,* die er unter normal roten auffand.

Abb. 134 – Äußerst selten: eine gefleckte Seerose; das kann sowohl die Folge eines Virus wie einer Mutation sein

Erst in den letzten zwei Jahrzehnten hat sich die Situation grundlegend verändert; vielleicht auch durch das starke Ansteigen der Nachfrage, parallel zur zunehmenden Mode von Biotopen und Schwimmteichen. Vor allem einige amerikanische Züchter waren überaus erfolgreich, wie etwa Kenneth Landon, Perry Slocum und Prof. Kirk Strawn. Sie alle haben bereits eine Vielzahl von Sorten auf den Markt gebracht, von denen langsam auch in Europa immer mehr erhältlich werden – und es sind spektakulär schöne darunter, die reichlichst blühen. Allerdings muss man ein bisschen vorsichtig sein: Jene, die in den Südstaaten der USA entwickelt wurden, sind in Mitteleuropa nur teilweise winterhart.

Für diese neuen Seerosen wurde – vorwiegend – die minimale Chance genutzt, miteinander kompatible Hybriden herauszufinden, um dann trotz der so geringen Fruchtbarkeit zu keimfähigen Samen zu kommen.

Abb. 133 – Ein Klassiker Marliacs: N. Escarboucle

Empfehlung?

Es gibt so viele prächtige Seerosen, dass man einem Großteil von ihnen Unrecht täte, würde man – für jeden Tiefenbereich – nur wenige davon empfehlen. Dafür aber ist auf jeden Fall anzuraten, dass man sich beim Kauf verlässliche Angaben über die Sorte und die für sie notwendige Setztiefe verschafft. Bei Großmarktketten ist zumeist niemand da, der sich auch nur im Geringsten auskennt; dazu kommt – nach unseren Erfahrungen –, dass mindestens ein Drittel der Sortenbezeichnungen falsch ist.
Also sollte man besser eine Wasserpflanzen-Gärtnerei aufsuchen, wo die Pflanzen an Ort und Stelle gezogen werden. Da sieht man sie auch blühen, was doch einen andern Eindruck macht als ein Foto. Zudem bekommt man auch größere Exemplare zu kaufen, was vor allem bei Seerosen fürs Tiefe eine Rolle spielt: Wenn sie für etwa achtzig bis hundert Zentimeter vorgesehen sind, sollten sie doch schon ziemlich gut entwickelt sein.
Und sonst muss man nicht mehr viel wissen; die günstigste Substratmischung – Lehm mit Sand – wurde bereits besprochen.
Seerosen brauchen sehr viel Licht, also einen Großteil des Tages – mindestens acht Stunden – direkte Sonne; im Schatten würden sie nur sehr große Blätter und gar keine Blüten hervorbringen. Für Halbschatten ist – nach unseren Erfahrungen – nur eine einzige Sorte geeignet, nämlich *N. William Falconer*, aber auch sie zieht mehr Sonne vor.

Abb. 135 – N. Ray Davies, eine Neuzüchtung von Perry Slocum

Abb. 136 – N. amabilis, unverkennbar an ihrer Form – aus dem Erbe Marliacs hervorgegangen

5. PFLANZENLISTE

Die folgende Aufzählung erhebt keinen Anspruch auf Vollständigkeit, sollte aber die Orientierung unter den häufigeren Wasserpflanzen erleichtern.
Hier wird außer dem wissenschaftlichen und dem deutschen Namen auch die Setztiefe angegeben, wobei „+“ über und „–“ unter dem Wasserspiegel bedeutet.
Dazu haben wir noch eine kurze Charakteristik angegeben: Klärpflanze, Uferpflanze, Moorbeet, Seichtwasserpflanze, Zierpflanze.

PFLANZE	SETZTIEFE	CHARAKTERISTIK
Acorus calamus „Variegatus“ – Gestreifter Kalmus	–5/–20	Seichtwasserpflanze
Acorus calamus – Kalmus	–10/–30	Seichtwasserpflanze
Adenophora liliifolia – Becherglocke	+10	Uferpflanze
Alisma lanceolatum – Schmalblättriger Froschlöffel	0/–20	Seichtwasserpflanze
Alisma parviflora – Löffelblättriger Froschlöffel	0/–30	Seichtwasserpflanze
Alisma plantago-aquatica – Froschlöffel	0/–30	Seichtwasserpflanze
Althaea officinalis – Echter Eibisch	+10	Uferpflanze
Aponogeton distachyos – Wasserähre	–40/–60	Zierpflanze
Baldellia ranunculoides – Igelschlauch	–5/–30	Seichtwasserpflanze
Bolboschoenus maritimus – Strandbinse	–10/–40	Seichtwasserpflanze
Butomus umbellatus – Schwanenblume	0/–20	Seichtwasserpflanze
Calla palustris – Drachenwurz (Sumpf-Kalla)	0/–10	Seichtwasserpflanze
Caltha palustris – Sumpfdotterblume	+10/–10	Uferpflanze
Cardamine pratensis – Wiesenschaumkraut	+10	Uferpflanze
Carex acutiformis – Sumpf-Segge	0/–40	Seichtwasserpflanze
Carex elata – Aufrechte Segge	0/–60	Klärpflanze
Carex grayi – Morgenstern-Segge	+10/0	Uferpflanze
Carex nigra – Wiesensegge	+10/0	Uferpflanze, Moorbeet
Carex pendula – Hängende Riesensegge	+10/0	Uferpflanze
Carex pseudocyperus – Scheinzypergras-Segge	+10/0	Uferpflanze
Ceratophyllum demersum – Gemeines Hornkraut	schwimmend	Klärpflanze
Crassula recurva – Nadelkraut	–20/–50	Klärpflanze
Cyperus longus – Langes Zypergras	0/–40	Klärpflanze
Dianthus superbus – Prachtnelke	+10	Uferpflanze
Darmera peltata – Schildblatt	+10	Uferpflanze
Eleocharis acicularis – Nadelbinse	0/–60	Klärpflanze
Eleocharis palustris – Sumpfbinse	–10/–30	Seichtwasserpflanze
Elodea canadensis – Kanadische Wasserpest	–30/–100	Klärpflanze
Elodea densa – Argentinische Wasserpest	–30/–50	Klärpflanze
Equisetum hyemale – Winterschachtelhalm	+10/0	Uferpflanze
Equisetum palustris – Sumpfschachtelhalm	+10/–10	Uferpflanze
Equisetum scirpoides – Seggenartiger Schachtelhalm	0/–10	Moorbeet
Eriophorum angustifolium – Schmalblatt-Wollgras	+10/–10	Moorbeet
Eriophorum latifolium – Breitblatt-Wollgras	+10/0	Uferpflanze
Eriophorum vaginatum – Scheiden-Wollgras	+10/–10	Moorbeet
Eupatorium cannabinum – Wasserdost	+10	Uferpflanze
Euphorbia palustris – Sumpf-Wolfsmilch	+10/–5	Uferpflanze
Filipendula ulmaria – Mädesüß	+10	Uferpflanze
Fritillaria meleagris – Schachbrettblume	+10	Uferpflanze

PFLANZE	SETZTIEFE	CHARAKTERISTIK
Geranium palustre – Sumpf-Storchenschnabel	+10	Uferpflanze
Geum rivale – Bachnelkenwurz	+10	Uferpflanze, Moorbeet
Gladiolus palustris – Sumpfgladiole	+10	Uferpflanze
Glyceria maxima „Variegata" – Gestreifter Wasserschwaden	–10/–30	Klärpflanze
Gratiola palustris – Gnadenkraut	+10/0	Uferpflanze
Hippuris vulgaris – Tannenwedel	–10/–50	Klärpflanze
Hydrocharis morsus-ranae – Froschbiss	schwimmend	Klärpflanze
Iris kaempferi – Japanische Schwertlilie	+10	Uferpflanze
Iris laevigata – Asiatische Schwertlilie	0/–10	Uferpflanze
Iris pseudacorus – Wasser-Schwertlilie	0/–20	Seichtwasserpflanze
Iris sibirica – Sibirische Schwertlilie	+10	Uferpflanze
Iris spuria – Bastard oder Pannonische Schwertlilie	+10/0	Uferpflanze
Iris versicolor – Amerikanische Schwertlilie	+10/0	Uferpflanze
Juncus conglomeratus – Knäuelsimse	+10/–10	Uferpflanze, Moorbeet
Juncus effusus – Flattersimse	0/–10	Moorbeet
Juncus effusus „Spiralis" – Korkenziehersimse	0/–10	Moorbeet
Juncus ensifolius – Schwertblättrige Simse	+10/–10	Uferpflanze
Juncus inflexus (glaucus) – Blausimse	0/–30	Seichtwasserpflanze
Lychnis flos-cuculi – Kuckuckslichtnelke	+10	Uferpflanze
Lysimachia nummularia – Pfennigkraut	0	Uferpflanze
Lysimachia punctata – Tüpfelstern	+10/0	Uferpflanze
Lysimachia thyrsiflora – Strauß-Gilbweiderich	+10/0	Uferpflanze
Lysimachia vulgaris – Gilbweiderich	+10/–10	Uferpflanze
Lythrum salicaria – Blutweiderich	+10/–20	Uferpflanze
Mentha aquatica – Wasserminze	0/–10	Seichtwasserpflanze
Menyanthes trifoliata – Fieberklee	0/–10	Seichtwasserpflanze
Mimulus guttatus – Gauklerblume	+10	Uferpflanze
Molinia caerulea – Pfeifengras	+10	Uferpflanze
Myosotis palustris – Sumpfvergissmeinnicht	+10/–10	Seichtwasserpflanze
Myosotis rehsteineri – Bodensee-Vergissmeinnicht	0	Uferpflanze
Myriophyllum spicatum – Ähriges Tausendblatt	–40/–150	Klärpflanze
Nuphar lutea – Teichrose	–80/–120	Zierpflanze
Nuphar pumila ssp. – Kleine Teichrose	–20/–40	Zierpflanze
Nymphoides peltata – Seekanne	–40/–60	Zierpflanze
Orontium aquaticum – Goldkolben	–10/–50	Moorbeet
Pontederia cordata – Hechtkraut	–10/–30	Seichtwasserpflanze
Potamogeton crispus – Krauses Laichkraut	–30/–100	Klärpflanze
Potamogeton densus – Dichtes Laichkraut	–30/–100	Klärpflanze
Potamogeton fluitans – Flutendes Laichkraut	–40/–80	Klärpflanze
Potamogeton lucens – Glänzendes Laichkraut	–50/–200	Klärpflanze
Potamogeton natans – Schwimmendes Laichkraut	–40/–100	Klärpflanze
Potamogeton perfoliatus – Durchwachsenes Laichkraut	–40/–100	Klärpflanze
Potentilla palustris (Comarum pal.) – Sumpfblutauge	+10/0	Uferpflanze, Moorbeet
Ranunculus aquatilis – Wasserhahnenfuß	–10/–30	Seichtwasserpflanze
Ranunculus lingua – Zungenhahnenfuß	–40/–100	Klärpflanze
Sagittaria latifolia – Breitblättriges Pfeilkraut	–10/–20	Seichtwasserpflanze
Sagittaria sagittifolia – Pfeilblättriges Pfeilkraut	–20/–40	Seichtwasserpflanze
Saururus cernuus – Eidechsenschwanz	–10/–30	Seichtwasserpflanze
Schoenoplectus lacustris – Teichbinse	0/–60	Klärpflanze
Schoenoplectus tabernaemontani – Graue Teichbinse	0/–60	Klärpflanze
Schoenoplectus tabernaemontani „Zebrinus" – Zebrabinse	0/–20	Klärpflanze
Sparganium erectum – Verzweigter Igelkolben	0/–50	Klärpflanze

PFLANZE	SETZTIEFE	CHARAKTERISTIK
Sparganium emersum – Unverzweigter Igelkolben	0/–30	Klärpflanze
Stachys palustris – Sumpfziest	+10	Uferpflanze
Stratiotes aloides – Krebsschere	schwimmend	Klärpflanze
Succisa pratensis – Teufelsabbiss	+10	Uferpflanze
Thelypteris palustris – Sumpffarn	+10/–10	Uferpflanze
Trapa natans – Wassernuss	schwimmend	Klärpflanze
Trichglochin palustre – Sumpfdreizack	+10/0	Uferpflanze
Typha angustifolia – Schmalblättriger Rohrkolben	0/–60	Seichtwasserpflanze
Typha latifolia – Breitblättriger Rohrkolben	0/–50	Klärpflanze
Typha laxmannii – Laxmanns Rohrkolben	0/–60	Klärpflanze
Typha minima – Zwerg-Rohrkolben	+10/–10	Klärpflanze
Typha shuttleworthii – Silberrohrkolben	0/–30	Klärpflanze
Utricularia vulgaris – Wasserschlauch	schwimmend	fleischfressend
Veronica beccabunga – Bachbunge	0	Seichtwasserpflanze

Vierter Teil

ASPEKTE UND FRAGEN

1. DAS ALTERN DES TEICHS

Wenn im neuen Teich das Wasser eingelassen ist, sieht man von den vielen hundert Pflanzen, die soeben erst gesetzt worden sind, recht wenig – ein paar Büschel am Ufer, dazu einzelne grüne Spitzchen, die aus dem Wasser ragen. Dann folgen die Impfung sowie die wenig willkommene Anfangstrübung. Aber wenn der Teich im Frühling fertig wurde, lässt sich ein paar Wochen später schon – mit gebotener Vorsicht – darin schwimmen. Ein Großteil der Wasserpflanzen wächst reichlich schnell, sodass die Vegetation bis Herbst dann schon nicht mehr so dürftig aussieht.

Allerdings kann man sich bei den Rohrkolben noch nicht erwarten, dass sie wirklich Kolben bilden; das dauert – je nach Sorte – zwei oder drei Jahre. Und ebenso lang kann der Igelkolben auf seine stachligen Früchte warten lassen. Auch bei den Schwertlilien ist erst im nächsten Jahr mit Blüten zu rechnen; und selbst die Sumpfdotterblume braucht zu ihrer vollen Entwicklung zwei Jahre. Die Seerosen sollten, wenn sie groß genug gekauft wurden, zwar bald blühen, tun dies aber noch keineswegs so üppig wie in den folgenden Jahren.

Tatsächlich denken viele erst beim einsetzenden Schönwetter im Frühling daran, dass sie diesen Sommer eigentlich gern einen Schwimmteich hätten. So werden die meisten Teiche um diese Zeit errichtet. Manche meinen auch, das müsste so sein, damit die Pflanzen genug Zeit hätten anzuwachsen. Aber da man diese ohnehin mit fertigen Wurzelballen kauft – nur bei einigen wuchernden Unterwasserpflanzen kann man auch „Risslinge“ verwenden –, spielt das gar keine Rolle. Man kann sie genauso gut im September oder Oktober setzen.

Und das wäre eigentlich die ideale Zeit, einen Schwimmteich zu bauen. Denn bis sich sein Wasser klärt, ist die Badesaison gründlich zu Ende: Und nun bleibt dem Teich die längste Zeit – nämlich bis zu neun Monate –, um sich in völliger Ruhe zu entwickeln. Ohne Schwimmer spielt auch die geringe Vegetation und mangelnde Durchwurzelung des Ufers keine Rolle. Immerhin – die Pflanzen wachsen an, bevor sie sich zur Winterruhe zurückziehen. Dann kommen sie im Frühling schon viel kräftiger und reichlicher und sind, bis das Schwimmen beginnt, sozusagen bereits ausgewachsen.

Abb. 137 – Ein wenige Monate alter Teich

In diesem ersten Frühling des Teichs muss man noch mit ziemlich vielen Fadenalgen rechnen; diese beizeiten abzufischen ist immer gut. Spätestens jetzt kann man auch die welken Stängel von Schilf, Binsen und Seggen wegschneiden, die man im Herbst so absichtsvoll stehen gelassen hat.
Zugleich aber erlebt man zum ersten Mal die ganze Pracht der Blüten, teils am Ufer, teils unvermittelt aus dem Wasser kommend. Doch auch alles andere, was da in frischestem Grün aus dem Wasser geradezu hervorschießt, erregt Staunen und Freude: Denn jetzt sieht man's ja zum ersten Mal so richtig, wie es sein soll. Dazu nur eine kleine Warnung: Wir erhielten schon mehrmals – etwa Ende März – verzweifelte Anrufe, dass alle Pflanzen „erfroren" seien. In Wahrheit war das bei keiner einzigen der Fall. Aber die meisten Pflanzen im Wasser treiben etwas später aus als jene am Land – wohl weil die Sonnenwärme sie nicht direkt erreicht, sondern erheblich verzögert, nämlich vermittelt durch das langsame Ansteigen der Wassertemperatur. Der ewige Nachzügler – das Pfeilkraut – taucht gar erst Mitte Mai auf. Wir erhielten auch schon die Nachricht, dass die Seerosen merkwürdig „verdorben" aussähen. Das war natürlich nicht der Fall: Die meisten Sorten treiben im Tiefen eben nicht grün, sondern rotbraun aus. Eine eigene Erwähnung verdient noch die Teichrose (Teichmummel), *Nuphar lutea:* Wenn es kein altes Exemplar ist, kommt es durchaus vor, dass sie auch im zweiten oder dritten Jahr weder Blätter noch Blüten an die Oberfläche schickt, sondern als eine Art von seltsam zerfleddertem Salatkopf am Grund hocken bleibt. So ist sie eben.
Diese paar Sachen zu wissen verhindert unnötige Besorgtheit. Und dazu sollte hier nicht der mindeste Anlass sein, denn alles, was das zweite Jahr am Teich noch zu bieten hat – ist ausschließlich Genuss.
Im dritten Jahr – oder zweiten Frühling – ist noch immer ein gehäuftes Auftreten von Fadenalgen möglich. Sonst ist nun alles schon etwas üppiger, doch kaum so, dass jemand meinen könnte, man müsste beschränkend eingreifen. Im Grunde hat man bloß den Eindruck, dass der Teich jetzt viel natürlicher aussieht. Doch gibt es allerdings ein neues Problem, das in einem eigenen – dem nächsten – Kapitel behandelt wird: den Mulm.
Wir meinen, dass ein Teich nach dem dritten Jahr „erwachsen" wird.
Die Fadenalgen hören auf, ein Problem zu sein; nach einem Badesonntag mit zu vielen Gästen erholt sich der Teich rascher; Trübungen machen nicht mehr besorgt, weil man weiß, wie schnell sich das Wasser wieder klärt. Es sieht so aus, als wäre die „Selbstorganisation" jetzt erst wirklich abgeschlossen; als wären jetzt erst alle biologischen Kreisläufe völlig intakt, gewissermaßen mit abpolsternden Reserven; als handle es sich bei allem um einen einzigen, unerhört komplexen Organismus.
Dabei ist der Teich erstaunlicherweise fruchtbarer geworden – teilweise auch durch den Mulm. Trotz des jährlichen Abschneidens allen welken Röhrichts, des Rückschnitts der Unterwasserwasserpflanzen – also trotz einer ständigen Entnahme von Nährstoff – ist dieser mehr geworden. (Das sollte der Landwirtschaft zu denken geben, welche ständig nachdüngend die Böden auslaugt.) Diese zunehmende Fruchtbarkeit ist weitgehend auf Fremdeintrag zurückzuführen: was alles hinein geweht und hinein gespült wurde. Dazu kommt, dass die unter Wasser verrotteten Pflanzen viel mehr geworden sind.
Dennoch funktioniert alles prächtigst; das vermehrte Nährstoffangebot führt vorläufig nur zu üppigerem Wachstum.
Im vierten oder fünften Jahr wirkt der Teich – zumindest optisch – seltsam klein geworden: In der Pflanzenzone sieht man weniger spiegelnde Wasserfläche, das dichte Grün überwiegt. Und auch wenn man es nicht gerne wahrhaben will: Der Teich ist unterwegs zur Eutrophierung – zu einem bereits unerwünschten Nährstoffreichtum. Da man diesen nur als „Biomasse" entnehmen kann, wird der Rückschnitt der Unterwasserpflanzen wichtiger; und was man nicht – wie das Rohrkolbenschilf – über Winter stehen lassen möchte, sollte man nun doch schon im Herbst zurückschneiden, damit möglichst wenig im Wasser verrottet. Auch im Sommer lässt sich ein bisschen was tun: Beim Schwimmen kann man vom Wall aus gelegentlich welke Seerosenblätter einsammeln und an Land bringen. Das alles kann eine ziemlich gründliche Entnahme von Nährstoff bedeuten und reicht hin den Teich so stabil zu erhalten, wie er war. (Dazu kommt noch die im nächsten Kapitel besprochene Mulmabsaugung.)
Ab nun wird man auch geringfügige Eingriffe vornehmen: dort, wo sie einem notwendig erscheinen. Etwa wo Rohr- oder Igelkolben die Seerosen bedrängen; oder eben überhaupt das Gebiet blühender Pflanzen so invadiert wurde, dass man ihnen aus ästhetischen Gründen mehr Freiraum verschaffen möchte – damit sie wieder zur Geltung kommen können.
Erst nach rund zehn Jahren mag es sich als vorteilhaft herausstellen, etwa die Seerosen zu erneuern oder zu „verjüngen". Dann machen nämlich die Blätter, die von den alt und groß gewordenen Rhizomen ausgehen, ein ziemliches Gedränge an der Oberfläche und stellen sich gegeneinander auf, während die Blüten immer weniger werden. Die dann

notwendige Arbeit ist eine ziemliche Sauerei: Es kostet viel Kraft, so ein großes und vielfach verwurzeltes Rhizom aus dem Substrat zu zerren. Dann trennt man mit einem scharfen Schnitt alle Ableger und lässt ungefähr zehn Zentimeter der vorderen Triebachse übrig: Das alles kann man erneut setzen und hat wieder ein Jahrzehnt lang Ruhe.

Für die Qualität des Teiches ist es allerdings völlig egal, ob man solche Arbeiten ausführt oder auch nicht.

Abb. 138 – Der Teich von Abb. 137 rund vier Jahre später

2. DAS MULMIGE INTERMEZZO

Bei der Aufspaltung oder Zersetzung des organischen Materials entstehen nicht nur gelöste Nährstoffe. Vieles wird – vorläufig – nicht endgültig zersetzt, sondern mehr oder minder nur teilweise; gewisse härtere Gewebeteile bleiben noch eine Zeit lang erhalten. Das sind dann die – teils mit freiem Auge sichtbaren – „Schwebstoffe". Wie schon ihre Name sagt, sinken sie recht langsam ab. Dann bilden sie einen filmartigen Überzug über jedem Untergrund: ob es die Folie im Schwimmbereich ist oder das Substrat in der Pflanzenzone.

Da daraus noch Gewinn an Energie und Nährstoffen zu ziehen ist, hört die bakterielle Aktivität in dieser Schicht natürlich nicht auf. Außer das Wasser ist zu kalt. Aber ab rund fünfzehn Grad am Grund beginnt es in dieser Art von locker aufliegender Haut richtig zu brodeln. Als Zeugnis davon sieht man, wie in dieser feinschlammigen Schicht unzählige winzige Gasbläschen entstehen: Es sind die Ausscheidungen des Stoffwechsels der Bakterien und Pilze.

Und obwohl ein Großteil davon ins Wasser entweicht, bleiben in dieser feinen Struktur auch viele Bläschen hängen. Je wärmer das Wasser wird, umso mehr Auftrieb verschaffen diese dem Mulm; und irgendwann steigt er, blättchen- oder plattenweise, an die Oberfläche.

Das sieht wirklich nicht schön aus; und erregt denn doch Besorgnis – ob etwa der Teich nicht im Begriff sei zu „kippen". In Wahrheit ist das Gegenteil eingetreten, nämlich eine völlig natürliche Phase der Selbstreinigung: Der nächste Wind deponiert das alles am Ufer. Dort setzt sich, in Millimeterschichten, eine Verlandung fort, die – in Lebensjahren des Besitzers – kaum feststellbar, aber vorläufig nur nützlich ist.

Eine ganze Reihe von Pflanzen, die bisher im armen Teichsubstrat gerade irgendwie überlebt haben, finden jetzt im Mulm Bedingungen vor, die ihnen endlich behagen. Die Seekanne zum Beispiel, *Nymphoides peltata,* wandert jetzt nicht nur lieber, sondern blüht auch üppigst dort, wo man sie niemals hingesetzt hat. Ebenso zeigen der Tannenwedel und andere Pflanzen, dass sie sich jetzt erst wirklich behaglich fühlen.

Den Menschen hingegen ist nun ein bisschen mulmig zumute. Was die Pflanzenzone betrifft, so gibt es auch keine Ermunterung – man muss sich auf die Selbstreinigung verlassen. Aber wenn die Pflanzen schon dichter werden, stört aufsteigender Mulm kaum noch; er bleibt irgendwo hängen, bis ihn schließlich ein stärkerer Wind am Ufer deponiert.

Natürlich geschieht mit dem Mulm, der in der Schwimmzone aufsteigt, dasselbe. Dafür bleibt einem das Problem mit jenem, der *nicht* aufgestiegen ist. Es handelt sich um ein ganz locker geschichtetes (sedimentiertes) Material; nur ein Teil davon ist feiner Schlamm. Sowie nun die Badesaison beginnt, wird mehr und mehr davon aufgewirbelt und bleibt sehr lange im Wasser schweben. Im schlimmsten Fall – was absurderweise heißt: bei sehr lang anhaltendem Schönwetter – kann dieses den ganzen Sommer über trüb wirken. Das muss nicht unbedingt schaden, könnte aber doch zu einem verstärkten Auftreten von Algen führen – sodass sich ins Graubraun ein leicht grünlicher Farbton mischt. Ein starker, kalter Regen würde rasch zur Klärung führen, ist aber nicht bestellbar. Und vor allem hat man ja keinen Schwimmteich, um sich dazu Schlechtwetter zu wünschen.

Also sollte man den Boden des Schwimmbereichs und vielleicht auch die Oberseite des Walls zu Beginn der Badesaison mit einem geeigneten Gerät absaugen; dieses gibt es sowohl zu mieten wie zu kaufen.

Es handelt sich dabei um eine Pumpe, die man an den Teichrand stellt; über einen langen Schlauch, den man mittels einer Teleskopstange führt und an deren Ende ein staubsaugerartiger Fortsatz montiert ist, wird vom Boden abgesaugt. Die Pumpe sollte erstens nicht zu stark sein und zweitens einen Vorfilter haben, in dem nicht nur mitgerissene Steinchen abgefangen werden, sondern auch Kaulquappen, Molche und Libellenlarven überleben. Da muss man halt das Pumpen alle paar Minuten unterbrechen und kontrollieren.

Ob man diesen Vorgang jedes Jahr wiederholt oder nur, wenn einem die ganze Sache zu mulmig wird, bleibt der eigenen Entscheidung überlassen.

3. WAS PASSIEREN KANN

An sich sind Aquariumbesitzer recht verständige Leute, auch was Biotope und Schwimmteiche betrifft. Aber manchmal vergisst einer den Unterschied. In einem Aquarium werden sehr genau vorgeschriebene Bedingungen ständig überprüft und bei Bedarf sofort korrigiert.
Einen Schwimmteich aber sollte man besser nicht regeln und schon gar nicht maßregeln. Einem Aquarianer kam das nicht so ganz geheuer vor; vielleicht fand er es auch nur zu fad, dass es da gar nichts zu tun gab. Er versuchte, die Frühlingstrübung zu beheben und setzte Kupfervitriol gegen die Algen ein. Und da ihm dann noch der pH-Wert etwas zu hoch erschien, goss er Salzsäure nach. Und das Wasser wurde trüber und trüber, in bräunlichen Tönen.
Als er uns schließlich eine Probe davon brachte, war auch unterm Mikroskop keine einzige Spur von Leben mehr zu finden. (Aber er hatte Glück – die Wirkung seiner „Zusätze" hatte in der Zwischenzeit so nachgelassen, dass eine bloße zweite Impfung genügte, um die biologischen Kreisläufe wieder in Gang zu setzen.)
Ein anderer – allerdings Nicht-Aquarianer – verlor schon bei der Anfangstrübung die Geduld und half mit Chlor nach ...
Jemand erzählte uns, reichlich verblüfft, alle Äpfel, die im Herbst in seinen Teich gefallen waren, seien im Frühling noch frisch gewesen. Wir können diese Konservierungsmethode nicht empfehlen, sondern raten im Gegensatz dringend, alles Obst sofort aus dem Wasser zu fischen.
Letztes Frühjahr hörten wir eine seltsame Geschichte: Ein Teich war über Jahre immer klar gewesen, doch als am Ende des Winters das Eis auftaute, war das Wasser plötzlich undurchsichtig trüb und stinkend. Nun kann das Eis tatsächlich das Entweichen von Sumpfgasen verhindern, Methan zum Beispiel wird im Wasser gebunden, und das kann etwa zum Tod der Frösche während ihres Winterschlafs führen. Aber diese Geschichte klang nach erheblich Gröberem. Tatsächlich stellte sich zuletzt heraus, dass von den knapp am Wasser stehenden Bäumen rund hundert Kilo Aprikosen in den Teich gefallen waren. Eine Zeit lang hatten sie sich wohl konserviert – aber schließlich doch zu gären angefangen. Es braucht also gar keine Salzsäure – Aprikosen tun's auch.
Ein anderer Teich wieder, den wir ganz gut kannten, wurde in seinem zweiten Sommer – bis dahin war das Wasser herrlich klar gewesen – allzu trüb, was heißt: die Sichttiefe betrug nur noch rund dreißig Zentimeter. Als wir, vom Telefonat alarmiert, sofort hinfuhren, fiel uns gleich ein zweites Phänomen auf, das die Besitzer nur erfreut hatte: Das Pflanzenwachstum und die Blühfreudigkeit der Seerosen waren überwältigend.
Damit war klar: Hier war eine vorerst unerklärliche Überdüngung eingetreten; und die Lösung fand sich bald. Bei der ersten Füllung des Teiches – was ja rasch gehen muss, damit die Unterwasserpflanzen nicht vertrocknen –, war Leitungswasser verwendet worden, des Druckes halber. Als es aber im nächstjährigen, besonders schönen Sommer zu ständigen Verdunstungen kam, hatte man aus dem Brunnen nachgefüllt. Und die Messergebnisse zeigten, was passiert war: Nitratwerte bis zu 100 Milligramm pro Liter. Das ist leider in stark landwirtschaftlich genutzten Gegenden nicht selten – wobei auch behördlich festgelegt ist, dass für Kinder das Wasser ab 35 Milligramm und für Erwachsene ab 50 Milligramm schädlich ist.
Die Pflanzen in ihrem „zu armen" Teichsubstrat hatten sofort von der wahrhaft sättigenden Nährstoffzufuhr profitiert; nämlich alle jene, die nicht auf Armut spezialisiert sind. Die andern waren zum Glück noch kaum geschädigt. Und der Teich erholte sich in wenigen Wochen – was heißt: das Wasser wurde wieder völlig klar –, da einerseits die Pflanzen den Nitratüberschuss absorbierten und andererseits nur noch mit Leitungswasser nachgefüllt wurde.
Im Übrigen kann auch Regenwasser – früher ob seiner Qualität so gerühmt – recht bedenklich werden: der schlimmste pH-Wert, den wir je maßen, betrug 3,8 – bereits einem Essig entsprechend. Das war sicherlich ein Extremfall. Aber wer zum Beispiel die Regenrinne am Hausdach ausnützt, um den Teich nachzufüllen, sollte lieber vorsichtig sein. Das heißt: Dieses Wasser darf nie direkt in den Teich geleitet werden, sondern man muss es in einer Zisterne auffangen. Dort kann, in wenigen Tagen, zum Beispiel die Kohlensäure als Gas entweichen. Jedenfalls wird man immer messen müssen, ehe man das Wasser für den Teich verwendet.

4. KINDER AM TEICH

Wasser zieht Kinder geradezu magisch an. Sowie sie an einen Schwimmteich kommen, nehmen sie den nächsten Stein und werfen ihn hinein; und noch einen und noch einen, weil's gar so Spaß macht. Dann werden manche Schwimmteichbesitzer ärgerlich, weil sie vor dem nächsten Absaugen der Schwimmzone diese Steine alle wieder tauchend herausfischen müssen.

Die eigenen Kinder tun das auch, sind aber viel lieber.

Und natürlich geht's nicht so sehr darum, den Schwimmteich vor den Kindern zu schützen als ums Gegenteil: einen Unfall zu verhüten. Wenn man Kinder, die noch nicht schwimmen können, unbeaufsichtigt in einem Garten mit Teich lassen will, muss man diesen zur Gänze einzäunen – was ja später leicht zu entfernen ist.

Die Attraktion des Wassers ist schon für die Kleinsten gegeben. Da kann man in der Pflanzenzone eine seichte Bucht vorsehen, die man mit lose geschichteten Natursteinen von der Umgebung abtrennt und mit rundem Kiesel auslegt. Gewissermaßen ein Plantschbecken, vielleicht zwanzig oder dreißig Zentimeter tief. Dennoch bleibt die Gefahr erhalten, da es ja daneben tiefere Zonen gibt; also sollte man ein Kleinkind dort nie unbeaufsichtigt spielen lassen; und ihm sicherheitshalber Schwimmflügel anziehen.

Bei Kindern, die an einem Teich aufwachsen, entwickelt sich sehr früh ein intensives Verhältnis zu dieser umgebenden Natur. Einerseits wird sie ihnen rasch selbstverständlich; andererseits sind Neugierde und Entdeckungsdrang noch so groß, dass sie von allem fasziniert werden, sowie es in ihr Bewusstsein eintritt. Das können unzählige Beobachtungen sein – gerade eine so reich belebte Umwelt fördert die Begabung dazu.

Die meisten Kinder empfinden es selber relativ früh als beschränkend, auf eine Seichtwasserzone beschränkt zu bleiben. Ihre Motivation schwimmen zu lernen ist im Allgemeinen sehr groß. Dergleichen sollte man natürlich sofort unterstützen und ihnen – in der tiefen Schwimmzone – den Spaß an der Fortbewegung im Wasser beibringen. Das geht oft verblüffend schnell.

Dadurch nimmt ihre Intimität mit dem Leben im Teich – nämlich dem eigenen sowie dem fremden –

Abb. 139 – Zwei Generationen, aber dasselbe Vergnügen

Abb. 140 – Man sieht ihnen die Intensität an …

enorm zu. Alles ist gleichzeitig faszinierend und vertraut: die im Vorbeisausen trinkenden Schwalben, die gurrenden Wechselkröten, die großen Libellen mit ihrem lauten Flügelschlag.

Und immer wieder die Kaulquappen. Kinder verfahren nicht unbedingt immer schonend mit dem, was sie in der Natur so sehr entzückt oder auch aufregt – aber sie lernen dabei teilweise mehr als die Erwachsenen.

Eine Geschichte dazu: Ein Mädchen von acht Jahren fängt im Teich eine Kaulquappe, um sie in einem Eimer weiter zu ziehen. Sie will die Verwandlung zum Frosch miterleben: das Ausbilden der Hinterbeine, dann der vorderen, schließlich das Abtrocknenlassen des Schwanzes in der Sonne. Vielleicht hat die Lehrerin davon erzählt. Das Mädchen weiß auch, dass es das Tier füttern muss; in diesem Alter kann man von einer Idee sehr besessen sein (auch später, aber seltener). Es gelingt: Schließlich sitzt der kleine Frosch in ihrer Hand. Da er sich, wie alle Amphibien, nicht selber erwärmen kann, sondern seine Körpertemperatur von der Umgebung bezieht, ist ihm eine warme menschliche Hand recht angenehm: Er drückt sich dagegen.

Er darf aber, als Teichfrosch, nicht allzu sehr austrocknen. Deshalb wird er von dem vernünftigen kleinen Mädchen – mit Bedauern, aber recht konsequent – wieder in den Teich entlassen. Dort sind viele Frösche – und man müsste sie schon sehr genau studieren, um sie individuell unterscheiden zu können. Aber der eine kommt jedes Mal geschwommen, wenn das Mädchen ins Wasser geht, und schwimmt neben ihr her. Und wenn sie taucht, dann schwimmt er voraus und paddelt sich ungefähr an die Stelle ihres Auftauchens. Dann hat sie den Frosch auf dem Kopf sitzen und dort bleibt er auch, während sie weiterschwimmt. Wir haben's gesehen: Beide sind glücklich.

Und wer dergleichen in der Kindheit erlebt, wird nie wieder ein Verhältnis zur Natur haben, das sie ausschließlich als Ressource für höhere Gewinne betrachtet.

5. GETIER IM TEICH

Da bleiben natürlich die Frösche das Hauptthema. Wenn der Teich nicht allzu sehr im städtischen Gebiet liegt, stellen sie sich einfach ein; und werden so lange mehr, bis das Territorium besetzt ist. Das heißt: Je nach Alter und Größe beansprucht ein Frosch bis zu anderthalb Meter des Ufers und der Wasserregion davor. Jetzt können Sie sich ausrechnen, wie viele Frösche Sie irgendwann haben werden.

Einen Großteil des Jahres hören Sie nur beim Umkreisen des Teiches das ständige „Platsch": Der in der Sonne außerhalb des Wassers sitzende Frosch springt, vom Schritt oder Schatten erschreckt, ins Wasser, um sich irgendwo im Pflanzendickicht oder Schlamm zu verstecken. Das wäre natürlich nicht notwendig, aber er weiß es nicht besser.

Von April bis mindestens Mitte Juni sind die Frösche hauptsächlich an Sex interessiert. Nicht nur Ihre „eigenen", sondern auch die Laubfrösche, die an Land leben, aber im Wasser laichen. Gerade dieser grasgrüne Inbegriff des Frosches, den im Prinzip alle mögen, ist am lautesten: Er sitzt in den Büschen und Bäumen rund um den Teich und erreicht die Phonzahl von Diskotheken. Natürlich plärren auch jene im Wasser, was sie nur können. Neuere Forschung hat ergeben, dass die Weibchen sehr wohl auf die Lautstärke der nach Sex schreienden Männchen reagieren: Sie halten den lautesten für den kräftigsten. Das ist nicht ganz unberechtigt: Sechs oder acht Stunden dauerndes Quaken kann einen Laubfrosch bis zu fünfundzwanzig Prozent seines Gewichts kosten. Da ist er dann, ehe es *in medias res* geht, sehr geschwächt. Dafür gibt es aber schlaue Kerle, die völlig stumm in seiner Nähe gesessen sind und nun in voller Kraft „abstauben"; die Wissenschaft nennt sie „Sexualschmarotzer".

Am Teich lebend braucht man das alles nicht zu wissen. Aber vielleicht sieht man, wie blöd die sexuelle Gier der Frösche ist. Sie kennen weder die eigene Spezies noch gar das Geschlecht und probieren es mit allen, die irgendwie ähnlich aussehen: mit männlichen Frösche, Kröten und Unken. Irgendeinmal wird's schon stimmen und vorher gibt's halt viele Verstimmungen.

Der Lärmpegel dabei ist jede Nacht beträchtlich. Und wie immer es auch klingt, heißt es ständig nur dasselbe wie der Schrei des Onkels, der in Fellinis Film „Amarcord" auf den höchsten Baum geklettert ist, um bis zum Horizont zu schreien: „Voglio una donna!" – „Ich will eine Frau!"

Dieses Geschnarre und Gequake muss man mögen oder als eine so selbstverständliche Geräuschkulisse empfinden, dass man dazu gut schläft. Wenn einem das nur selber gelingt, aber den Nachbarn nicht, ist es deren Pech: Noch nie wurde ein Prozess gegen Amphibien gewonnen – da sie vom Aussterben bedroht sind.

Außerdem sind sie viel nützlicher, als man das im Allgemeinen weiß. Zwar schnappen die Frösche – teilweise unerhört hoch hüpfend – untertags nach Libellen und Fliegen, doch in der Nacht verlassen sie den Teich und fressen in der Umgebung viele Schädlinge.

Diesbezüglich sind die gar nicht so allgemein beliebten Kröten, die ebenfalls im Wasser laichen, noch viel effektiver. Sie nämlich fressen in der Nacht die Nacktschnecken – und man sollte sich nur freuen, wenn viele Kröten in der Nähe des Teichs leben. Ihren Laich erkennt man deutlich: es sind – im Gegensatz zu den Laichballen der Frösche – Schnüre, die sie um die Pflanzenstängel unter Wasser wickeln. Manchmal binden sie gleich mehrere Seerosen zusammen, was dann reichlich seltsam wirkt.

Abb. 141 – Kaulquappe eines Laubfrosches

Abb. 142 – Erster Tag eines Laubfrosches

Abb. 143 – Laichschnüre der Kröten

Abb. 144 – Teichfrosch – mit dem typisch grünen Band auf der Rückenmitte

Viel weniger bemerkt man von den Molchen, die erstaunlich zart sind – wer den Blick für sie noch nicht geschärft hat, übersieht sie leicht. Doch sind sie fast immer reizvoll zu beobachten, vor allem in der Paarungszeit.

Was man jedoch auf keinen Fall im Schwimmteich haben sollte, sind Fische – welcher Art auch immer. Sie alle belasten die Qualität des Wassers. Und was immer sie fressen – ob Wasserflöhe oder Pflanzen: Es ist das Falsche, nämlich für den Teich Nützliche. So schade das ist.
Wenig Freude machen Wildenten am Teich – wie sympathisch man sie sonst auch finden mag. Ihr Benehmen ist ziemlich rücksichtslos: Sie rupfen Pflanzen vom Grund aus und erst wenn diese an der Oberfläche treiben, suchen sie sich aus, was sie davon fressen wollen. Nach jedem Besuch ist das Wasser tagelang getrübt und die Pflanzenzone einigermaßen verwüstet.
Vor allem im Frühling, solange die Tiere auf der Suche nach einem geeigneten Nistplatz sind, kann so ein Entenpaar recht hartnäckig werden, wenn es den Schwimmteich erkoren hat. Man mag sie noch so oft vertreiben – sie fliegen zwar mit Protestgeschrei auf, landen aber gleich wieder auf der gegenüberliegenden Seite des Teichs. Unter Umständen hilft es dann nur noch, bunte, flatternde Bänder – wie am Bau – kreuz und quer über den Teich zu spannen.
Letzten Sommer hatten wir einige Tage lang den Besuch eines Zwerghaubentauchers, der wirklich sehr entzückend war. Aber auch seine Exkursionen zum Grund hinunter hinterließen kleinere Schlammwölkchen. Dennoch: Vertreiben hätte er sich ohnehin nicht lassen – da seine Fluchtreaktion natürlich im Untertauchen besteht. Wir taten auch nichts ihn zu stören, sondern beobachteten ihn lieber, aber dann verschwand er wieder.
Von den andern badenden und trinkenden Vögeln war schon mehrmals die Rede.
Noch nicht jedoch von einem großen Menschenfreund, der von dieser Funktion nichts weiß. Es handelt sich um den Rückenschwimmer, der tatsächlich rücklings ganz knapp unter der Wasseroberfläche mit seinen langen Beinen dahinpaddelt. Dabei sieht dieses Insekt jede Mückenlarve, bevor wir sie noch mit freiem Auge wahrnehmen können. Und diese Wahrnehmung bleibt uns auch dauerhaft versagt, weil die Rückenschwimmer ausnahmslos alle verspeisen.
Deshalb hat man, im Gegensatz zur herkömmlichen Meinung, am Teich weniger Gelsen (Stechmücken) als irgendwo sonst.

Abb. 145, gegenüberliegende Seite – Typha shuttleworthii, der Silberrohrkolben, rot geworden

6. HERBST UND WINTER

Abb. 146 – Herbststimmung

Abb. 147 – Winterliche Erstarrung

Oft wurde der Frühling erwähnt, die gespannte Erwartung des frischen Grüns und der ersten Blüten; zugleich verbunden mit einer der ganz wenigen Arbeiten, die es am Teich überhaupt gibt: Gemeint ist das Abschneiden der welken Pflanzen, die man im Herbst stehen gelassen hat.
Und im Sommer dann – oder auch früher, wenn das Wetter eine zeitige Badesaison erlaubt – sollte nur noch Genuss angesagt sein.
Erst wenn dieser zu Ende, aber das Wasser noch nicht allzu kalt ist, kann man leicht erreichbare welkende Pflanzen zurückschneiden, damit sie nicht im Wasser verrotten. Doch sollte man immer daran denken, einige Gruppen von Schilf oder anderem hohen Röhricht stehen zu lassen.
Im Herbst ändert sich das Bild des Teiches ständig. Während die letzten Seerosen erst gegen Abend blühen, kann es vorkommen, dass sich die Luft rascher abkühlt als das Wasser, von dem dann schleierhafte Dämpfe aufsteigen. Dazu verfärbt sich alles; zwischen dem Grün wird helles Gelb und Ocker sichtbar, das in der Sonne manchmal golden glänzt, später kommt rötliches Braun hinzu.
Bei jedem Windzug raschelt das welkende Schilf viel lauter als im Sommer. Schließlich beherrscht den Teich nur noch das Graubraun der abgestorbenen Pflanzen, was im nun häufigeren Nebel die Wasserlandschaft fast gespenstisch macht.
An einem wieder völlig klaren Tag mögen all diese vielfältigen Formen morgens dicht mit Rauhreif überzogen sein, der dann in der Sonne glitzert.
Schließlich kommt mit dem Winter der erste Schnee, der sich bei Wind einseitig an die Stängel und Blätter anlegt, sodass sie in einer seltsamen schwarzweißen Doppelkontur erscheinen. Jetzt wird deutlich, dass man das Röhricht nicht nur stehen ließ, um den Gasaustausch des Teiches zu begünstigen, sondern auch durchaus zu ästhetischen Zwecken: Beschneit wirkt es viel bizarrer als jemals im Sommer.
Irgendwann friert der Teich zu: Dann sieht es aus, als stünden alle Seggen und Rohrkolben direkt auf dem Eis.
Manche werden ans Eislaufen denken. Aber das kann die Frösche gefährden, die sich irgendwo am Grund im Winterschlaf befinden. Denn unterm Eis klingen die Schlittschuhe sehr laut und ein aufgeweckter Frosch braucht erheblich mehr Sauerstoff. Da ihn das Eis hindert, die Oberfläche zu erreichen, könnte er ersticken. Wenn einem also sehr am Schlittschuhlaufen gelegen ist, das ohnehin nur in der freien Schwimmzone möglich ist, sollte man zwischen den Pflanzen einige Stellen eisfrei halten.
Schließlich wird das Eis ohnehin mit Schnee bedeckt. Nun sieht der Garten völlig anders aus: den Teich empfand man, auch bei spiegelnder Wasseroberfläche, doch als Tiefe. Jetzt scheint hier eine kompakte, ebene Fläche zu liegen; und vielleicht führen Tierspuren darüber.
An sonnigen Tagen spiegelt dieser weiße Grund glänzend ins Haus hinein – wie im Sommer die gekringelten Reflexe des bewegten Wassers, die dann auf der Wohnzimmerdecke tanzten.
Doch damit kommt auch die Hoffnung auf die immer stärker werdende Sonne: dass sie irgendwann die Wasserfläche freilegt und dass alles, was im letzten Jahr so schön war, aufs Neue beginnt.

Abb. 148, gegenüberliegende Seite – Die Sonne wird stärker

DANK

An erster Stelle möchten wir dem Verband der österreichischen Schwimmteichbauer danken. Ohne die dort gesammelten Erfahrungen, aber auch Mess- und Forschungsergebnisse wäre noch so manches, das den Schwimmteich betrifft, mit Zweifel behaftet. Nun wächst in vielen Belangen unser gesichertes Wissen. Auch ein Großteil der Firmen, die uns Fotos zur Verfügung gestellt haben, gehören dem Verband an. Diesen und allen andern, die im Bildquellenverzeichnis angeführt sind, möchten wir sehr herzlich danken, sowohl für die Mühe, die sie sich machten, als auch für das in uns gesetzte Vertrauen. Nur durch das so umfangreiche Bildmaterial ließ sich ein wirklich vielfältiger Überblick über Schwimmteiche erreichen.

Auch Erfahrungen und Erlebnisse unserer Kunden sind mehrfach in den Text eingeflossen; dass viele den Kontakt zu uns nie abbrechen ließen, möchten wir ihnen an dieser Stelle danken.

Nicht zuletzt gebührt unser Dank dem Orac-Verlag, vor allem der Lektorin Barbara Köszegi und dem Verlagsleiter Leo Mazakarini, der die Idee zu diesem Buch hatte; beiden sind wir längst freundschaftlich verbunden.

INDEX

Acorus calamus „Variegatus“ 144
Algen 23, 25, 31, 44, 133
Armleuchtergewächs 140 f.
Bachbunge 138
Bachlauf 46 f., 50
Bachnelkenwurz 146
Badehäuschen 26, 96
Bakterien 43
Beschattung des Schwimmteichs 25, 32
Biotop 17, 30, 35
Brücke 50, 53
Butomus umbellatus 142
Carex elata 138 f., 140, 144
Carex nigra 146
Ceratophyllum demersum 137
Chara vulgaris 140 f.
Cyperus longus 33, 138
Darmera peltata 142 f.
Einstieg 23, 26 f., 50 f., 54
Eleocharis acicularis 140
Elodea canadensis 135
Elodea densa 135
Eriophorum angustifolium 146
Eriophorum vaginatum 146
Fadenalgen 44, 134, 145, 162
Feuchtzone 33
Fieberklee 142
Filter 17, 18, 31, 47 f.
Fische 170
Folie 17, 23, 30, 35, 38 f., 44, 134
Fritillaria meleagris 145
Froebel, Otto 153
Froschbiss 136
Frösche 145, 167 ff., 174
Froschlöffel 136
Frühjahrstrübung 44
Geum rivale 146
Gladiolus palustris 145
Glyceria maxima „Variegata“ 144
Glyceria maxima 139
Goldkolben 146 f.
Hanglage 23 f., 114
Hechtkraut 140, 142
Hippuris vulgaris 134
Holzrahmen 39 f., 134
Hornkraut, Gemeines 137
Hottonia palustris 135
Hydrocharis morsus-ranae 136
Hygiene 43
Igelkolben 138, 161 f.
Igelschlauch 136
Impfung 45
Iris kaempferi 143 f.
Iris laevigata 142 ff.
Iris pseudacorus 142
Iris sibirica 144
Juncus conglomeratus 146
Juncus effusus „Spiralis“ 144, 146
Kapillarsperre 32, 33
Kaulquappen 164, 167 f.
Klärloch 32, 45, 133 ff.
Klärpflanzen 156 ff.
Knäuelsimse 146
Korkenziehersimse 144, 146
Krebsschere 136 f.
Kröten 145, 168 f.
Laichkraut, Dichtes 133
Laichkraut, Durchwachsenes 133
Laichkraut, Flutendes 133
Laichkraut, Glänzendes 31, 45, 133 f., 136
Laichkraut, Krauses 133
Laichkraut, Schwimmendes 133
Laichkräuter 41, 133 f.
Landon, Kenneth 153
Lärchenholz 39
Latour-Marliac, Joseph 152
Laubschutznetz 25
Lehmteiche 18
Lemna minor 136
Libellen 43, 145, 164, 167
Lysimachia nummularia 138
Menyanthes trifoliata 142
Molche 145, 164, 170
Moorbeet 146, 156 ff.
Mulm 23, 41, 134 f., 145, 162 ,164
Myosotis palustris 137 f.
Myriophillum spicatum 31, 45, 134
Nadelbinse 140
Nährstoffe 41 f.,44, 133 ff., 137, 139, 162, 164 f.
Neigungswinkel der Böschung 30 ff., 35
Nuphar lutea 162
Nymphaea alba 148 f.
Nymphaea alba var. rubra 149
Nymphaea candida 149
Nymphaea odorata 149
Nymphaea tetragona 149
Nymphaea tuborosa 149
Nymphoides peltata 164
Oberflächenabsaugung 48
Orontium aquaticum 146 f.

Pfeilkraut 140, 142, 162
Pfennigkraut 138
Pflanzenbereich 17, 18, 24, 30 ff., 35, 38, 41 f.
Phragmites australis 139
Plankton 23, 41, 44 ff., 134
Podest 50 ff., 96, 98
Pontederia cordata 142
Potamogeton crispus 133
Potamogeton densus 133
Potamogeton fluitans 133
Potamogeton lucens 31, 45, 133
Potamogeton natans 133
Potamogeton perfoliatus 133
Potentilla palustris 146
Pumpen 17 f., 31, 46 ff., 164
Quellstein 46 f.
Ranunculus aquatilis 135
Regenwasser 165
Rohrkolben 138, 161 f.
Rückenschwimmer 170
Sagittaria latifolia 142
Sagittaria sagittifolia 142
Sauerstoff 23, 38, 44, 46, 135, 140
Schachbrettblume 145
Schildblatt 142 f.
Schilf 139
Schoenoplectus lacustris 139
Schoenoplectus tabernaemontani „Zebrinus" 144
Schotter 41
Schwanenblume 142
Schwertlilien 161
Schwertlilie, Sibirische 144
Schwimmbereich 17, 23 f., 30, 35 f., 38, 41
Seekanne 140, 164
Seerosen 32, 65, 57, 88, 95, 103, 106, 110, 128, 135, 139, 148 ff., 161 f.
Seerose, Weiße 148 f.
Segge, Aufrechte 138 f.
Seggen 138, 140, 146
Seichtwasserpflanzen 156 ff.
Seichtwasserzone für Kinder 166
Setztiefe für Pflanzen 156 ff.
Sitzplatz 96ff.
Skimmer 18, 48
Slocum, Perry 153
Sparganium erectum 138
Spirodela polyrhiza 136
Stechmücken 170
Stege 50, 52
Steine 39, 54 ff., 98, 166
Stratiotes aloides 136 f.
Strawn, Kirk 153
Substrat 30 f., 33, 41 f., 138, 165
Sumpfblutauge 146
Sumpfdotterblume 161
Sumpfdreizack
Sumpfgladiole 145
Sumpfvergissmeinnicht 137 f.
Swimmingpool 17 f., 35
Tannenwedel 134, 164
Tausendblatt 31, 41, 44 f., 134
Teichbinse 139
Teichrose 162
Teichsäcke 39
Tiefe des Schwimmteichs 23
Trapa natans 136
Triglochin palustre 145
Typha angustifolia 138
Typha latifolia 138
Typha laxmannii 138
Ufer 23, 145, 31 ff.
Uferpflanzen 156 ff.
Veronica beccabunga 138
Wall 17, 23, 30 ff., 35, 38 ff., 54
Wasserfall 46, 49
Wasserfeder 135
Wasserhahnenfuß 41, 135
Wasserkäfer 43
Wasserlinsen 136
Wassernuss 136
Wasserpest 41, 44, 135 f.
Wasserpest, Argentinische 135
Wasserpest, Kanadische 135
Wasserpflanzen 31 f., 44 f.
Wasserqualität 45
Wasserschnecken 43, 135
Wasserschwaden, Großer 139
Wasserschwertlilien 140, 142
Wasserspiele 48 f.
Wassertemperatur 23, 38, 44
Wildenten 170
Wollgras 146
Zebrabinse 144
Zungenhahnenfuß 44
Zyperngras, Langes 33, 138

BIBLIOGRAFIE

Adler, W./Oswald, K./Fischer, R.: Exkursionsflora von Österreich, Ulmer 1994

Baensch, H./Paffrath, K./Seegers, L.: Gartenteich-Atlas, Mergus 1992

Bellmann, Heiko: Leben in Bach und Teich, Mosaik-Verlag 1988

Ellenberg, Heinz et al.: Zeigerwerte von Pflanzen in Mitteleuropa, Scripta Geobotanica, Erich Goltze 1992

Engelhardt, Wolfgang: Was lebt in Tümpel, Bach und Weiher? Frankh-Kosmos 1989

Ettl, H./Gerloff, J./Heynig, H. (Hrsg.): Süßwasserflora von Mitteleuropa, Bd. 23 und 24, Gustav Fischer 1981

Grabherr, G./Mucina, L. (Hrsg.): Die Pflanzengesellschaften Österreichs, 2. Bd., Gustav Fischer 1993

Günzel, W. R.: Teiche und Moore, Dähne 1996

Hegi, Gustav: Illustrierte Flora von Mitteleuropa, 13 Bde., 1906–1931

Ohls, G./Kähler, U.: Orchideen im Garten, Parey 1993

Laux, Hans: Pflanzen am Wasser, Frankh-Kosmos 1994

Nöllert, A. u. C.: Die Amphibien Europas, Frankh-Kosmos 1992

Schwoerbel, Jürgen: Einführung in die Limnologie, Gustav Fischer 1993

Sommer, Ulrich: Algen, Quallen, Wasserfloh – Die Welt des Planktons, Springer 1996

Streble, H./Krauter, D.: Das Leben im Wassertropfen, Frankh-Kosmos 1988

Wachter, Karl: Der Wassergarten, Ulmer 1993

Wachter, Karl: Seerosen, Ulmer 1998

Weixler, Richard/Hauer, Wolfgang: Garten- und Schwimmteiche, Leopold Stocker Verlag 1998

Witt, Reinhard: Naturoase Wildgarten, BLV 1992

Witt, Reinhard: Wildpflanzen für jeden Garten, BLV 1994

BILDQUELLENNACHWEIS

BENCZAK Gartencreation GmbH. & Co. KG
A-7011 Siegendorf/Bgld., St.-Margarethner-Straße 44
Abb.: 12, 13, 23, 36, 57

B!OTOP Landschaftsgestaltung Ges.m.b.H.
A-3411 Weidling, Hauptstraße 285
Abb.: 14, 83, 95, 96, 105, 125, 146

BIOTOP & TECHNIK Ratzesberger
A-6323 Bad Häring, Dorf 150
Abb.: 28, 32, 102

G. BRANDLMAIER KEG
Ingenieurbüro für Naturbadeanlagen
BioNova Lizenzgeber
A-4600 Wels, Sportplatzstraße 11
Abb.: 46, 67, 72 80, 94, 104, 110, 111, 113

FUCHS BAUT GÄRTEN GmbH
D-83661 Lenggries-Schlegldorf Nr. 91 A
Abb.: 30, 40, 64, 82

GARTENBAU LEDERLEITNER GmbH
A-3451 Michelhausen, Feldgasse 5
Abb.: 9, 21, 37

KERN Mag. Angelika
Schwimmteich-Biotop & Gartengestaltung
A-8042 Graz, Einödhofweg 20
Abb.: 10, 15, 29, 38, 43, 69, 73, 91, 92 (Gary Rogers), 97, 115, 116

MALY Gartengestaltung
A-7000 Eisenstadt, Buchgrabenweg 65
Abb.: 24, 25, 61, 79, 99, 117

NATURGARTEN Martin Mikulitsch
Landschaftsbau KEG
A-1140 Wien, Andreas-Lechner-Straße 5
Abb.: 140

SALLMANN GmbH
D-74196 Neuenstadt, Seewiesen 2
Abb.: 62, 71, 101

TEICH + GARTEN Helmut Schmidinger
A-4300 St. Valentin, Herzograd 48
Abb.: 4, 11, 19, 20, 22, 33, 42, 52, 54, 55, 59, 60, 74, 75, 78, 81, 85, 86, 98, 103

WASSERGÄRTEN Richard Weixler KEG
A-4600 Wels, Aichbergstraße 48
Abb.: 7 (Foto Wolfgang Hauer), 44, 45 (Hauer), 51, 87, 107 (Hauer), 108 (Hauer), 109 (Hauer), 112

Folgende Fotos stammen von den Autoren bzw.
NYMPHEA Biotopgestaltung GmbH
A-2464 Arbesthal, Waidbergweg 10
Umschlagfotos, Frontispiz und Abb.: 2, 3 (Foto Dr. Helmi Hoskovec), 5, 6, 8, 16 (Hoskovec), 17, 18, 26 (Hoskovec), 27, 31, 34, 35, 39, 41, 47, 48, 49, 50, 53, 56, 58, 63, 65, 66, 68, 70, 76, 77, 84, 88, 89, 90, 93, 100, 106 (Hoskovec), 114, 118, 119 (Hoskovec), 120, 121, 122, 123, 124, 126, 127, 128, 129, 130, 131, 132, 133, 134, 135, 136, 137, 138, 139, 141, 142, 143, 144, 145, 147, 148

PROFIS IM SCHWIMMTEICHBAU
KREATIV IN GESTALTEN VON INDIVIDUELLEN GÄRTEN
VERGNÜGEN IM ELEMENT WASSER
Schwimmteiche
& Biotope
Gartenanlagen
& Felslandschaften
Wasserpflanzen
& Seerosen - Neuheiten !
Bestellung über Postversand
im In- und Ausland
Kern
AUSTRIA, 8042 GRAZ, EINÖDHOFWEG 20, TEL. 0316/46 16 51, FAX. 0316/46 40 71